DORLING KINDERSLEY TOP 10

BRÜSSEL & FLANDERN

ANTONY MASON

DORLING KINDERSLEY

Links **Hôtel de Ville (Rathaus), Grand Place (Grote Markt), Brüssel** Rechts **Belgische Pralinen**

Ein Dorling Kindersley Buch

www.dk.com

Produktion *DP Services, London*
Texte *Antony Mason*
Fotografien *Anthony Souter, Demetrio Carrasco, Paul Kenward, David Murray, Jules Selmes*
Illustrationen *Chris Orr & Partner*
Kartografie *Dominic Beddow, Simonetta Giori (Draughtsmam Ltd.)*

Aktualisierte Neuauflage 2008/2009

Übersetzung *Frank Auerbach, Pfatter; Barbara Rusch, München*
Programmleitung *Dr. Jörg Theilacker, Dorling Kindersley Verlag*
Projektleitung *Birgit Walter, Dorling Kindersley Verlag*
Redaktion *Robert Kutschera, München*
Schlussredaktion *Birgit Lück, Augsburg*
Satz & Produktion *Dorling Kindersley Verlag*
Lithografie *Colourscan, Singapur*
Druck *Leo Paper Products, China*

ISBN 978-3-8310-1224-4
2 3 4 5 11 10 09 08

Die Top-10-Listen in diesem Buch sind nicht nach Rängen oder Qualität geordnet. Alle zehn Einträge sind in den Augen des Herausgebers von gleicher Bedeutung.

Inhalt

Top 10 Brüssel & Flandern

Die Informationen in diesem Top 10 Reiseführer werden regelmäßig überprüft.

Wir haben uns intensiv bemüht, die Informationen in diesem Buch zum Zeitpunkt der Drucklegung auf den neuesten Stand zu bringen. Angaben wie Telefonnummern, Öffnungszeiten, Preise, Ausstellungen und Fahrpläne unterliegen jedoch Veränderungen. Der Herausgeber kann für eventuell hieraus entstehende Schäden nicht haftbar gemacht werden. Für Hinweise, Verbesserungsvorschläge und Korrekturen ist der Verlag dankbar. Bitte richten Sie Ihr Schreiben an:

Dorling Kindersley Verlag GmbH
Redaktion Reiseführer
Arnulfstraße 124
80636 München

Links **Den Engel, typische Kneipe in Antwerpen** Rechts **Bootsfahrt auf den Kanälen von Brügge**

Städte in Flandern

Reise-Infos

Links **Markt, Brügge** Rechts **Brabo-Brunnen auf dem Grote Markt, Antwerpen**

TOP 10 BRÜSSEL & FLANDERN

TOP 10 Highlights

Die vier großen Städte im Norden Belgiens verbindet ein bedeutendes kulturelles Erbe, das bis in das Mittelalter zurückreicht, als hier Handel und Gewerbe florierten wie sonst nirgendwo auf der Welt. Dennoch sind die Städte ganz unterschiedlichen Charakters: Brüssel ist Europas neue Hauptstadt, Brügge eine der besterhaltenen mittelalterlichen Städte in Europa. Gent ist eine altehrwürdige Universitätsstadt, Antwerpen stellt nach wie vor ein kraftvolles Industriezentrum dar. Jede dieser Städte lohnt einen Besuch.

1 Grand Place, Brüssel

In seiner architektonischen Wirkung ist Brüssels Zentrum immer noch einzigartig – heute wie vor 300 Jahren *(siehe S. 8–11)*.

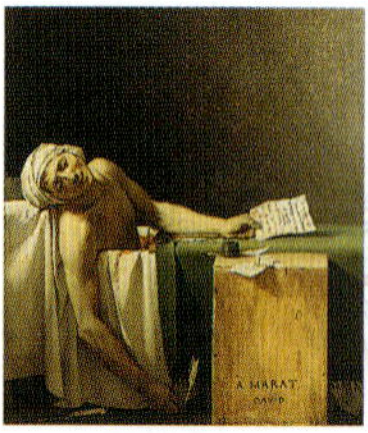

2 Musées Royaux des Beaux-Arts, Brüssel

Brueghel, Rubens, Van Dyck, Magritte – diese Sammlung führt die Besucher zu einigen der größten Namen der Kunstgeschichte *(siehe S. 12–15)*.

3 Musée des Instruments de Musique, Brüssel

Das in einem Art-nouveau-Gebäude untergebrachte »MIM« besitzt zahllose Musikinstrumente: antike, moderne und volkskundlich interessante *(siehe S. 16f)*.

4 Musée Horta, Brüssel

Victor Horta war der herausragende Architekt des Art nouveau (französische Variante des Jugendstils). Sein Haus, in jedem Detail diesem Stil verpflichtet, wird nun als »Schrein« für den Art nouveau erhalten *(siehe S. 18f)*.

5 Centre Belge de la Bande Dessinée, Brüssel

Das »Zentrum des Comics« zeigt alles über die belgische Variante dieser Kunstform *(siehe S. 20f)*.

Vorhergehende Doppelseite **Brügge – Blick vom Belfort auf den Rozenhoedkaai**

6 Burg, Brügge

Der historische Mittelpunkt von Brügge, einst Standort der Burg, ist ein architektonisches Juwel: Den kleinen Platz umgeben faszinierende Gebäude *(siehe S. 22f)*.

7 Groeningemuseum & Memlingmuseum, Brügge

Die großen flämischen Künstler des frühen 15. Jahrhunderts – etwa Jan van Eyck und Hans Memling – führten die Ölmalerei zu erster Vervollkommnung. Die beiden unvergleichlichen Museen zeigen das einzigartige Können der Künstler und ihren Einfluss auf die italienische Malerei *(siehe S. 24f)*.

8 Van Eycks Anbetung des Lamms

Der große, mehrteilige Flügelaltar, den Jan van Eyck und sein Bruder Hubert 1426 bis 1432 schufen, ist einer der bedeutendsten Kunst- und Kulturschätze Europas *(siehe S. 26f)*.

9 Kathedrale von Antwerpen

Die Kathedrale Unsere Liebe Frau ist das Wahrzeichen der Stadt und der größte gotische Sakralbau Belgiens. Die Bauarbeiten begannen im Jahr 1352 und dauerten bis 1521. Zwei Triptychen von Rubens beherrschen das Innere: *Die Kreuzabnahme* und *Die Kreuzaufrichtung* *(siehe S. 28f)*.

10 Rubenshuis, Antwerpen

Das sorgfältig restaurierte Wohnhaus vermittelt einen anschaulichen Eindruck von der Lebenswelt des Malers *(siehe S. 30f)*.

Die bedeutendsten Kunstsammlungen & Museen **siehe S. 34f, S. 38f**

Top 10 Grand Place, Brüssel

Brüssels Grand Place oder Grote Markt (Marktplatz), der Mittelpunkt der Stadt, ist ein erhebendes Meisterstück ganzheitlicher Architektur: Die Fassaden der ihn umgebenden ehemaligen Zunfthäuser sind reich verziert mit symbolischen Steinfiguren und Gold. Viele Jahrhunderte lang war der Platz wirtschaftliches und administratives Zentrum: ein stolzer Rahmen für Märkte, Schauspiele und Turniere, öffentliche Verlautbarungen – und Hinrichtungen. Friedvoller als einst, pulsiert hier doch immer noch das Brüsseler Leben.

Hôtel de Ville (Rathaus) – Figuren an der Fassade

Es gibt zwei berühmte Bar-Restaurants an der Grand Place – beide teuer, aber wegen ihres typisch Brüsseler Stils lohnend: Le Roy d'Espagne in Nr. 1 und La Chaloupe d'Or in Nr. 24/25.

Brüssels Haupt-Fremdenverkehrsbüro im Hôtel de Ville bietet viele nützliche Informationen. Meistens herrscht hier jedoch sehr großer Andrang.

- *Karte C3*
- *Hôtel de Ville: Führungen Di & Mi 13.45–15.15 Uhr, So 10–12.15 Uhr (nur 1. Apr–31. Sep); (02) 279 4365; Eintritt mit Führung 2,50 €*
- *Maison du Roi (Musée de la Ville de Bruxelles): Di–So 10–17 Uhr; (02) 279 4350; Eintritt 2,50 €*
- *Musée du Cacao et du Chocolat: Di–So 10–16.30 Uhr; (02) 514 2048; Eintritt 5 €*
- *Maison des Brasseurs (Musée de la Brasserie): Mo–Fr 10–17 Uhr, Sa & So 12–17 Uhr; (02) 511 4987; Eintritt 4 €*

Top 10 Gebäude

1. Hôtel de Ville
2. Maison du Roi
3. Le Renard
4. Le Cornet
5. Tapis de Fleurs
6. Maison des Ducs de Brabant
7. Maison des Brasseurs
8. Le Cygne
9. Statue von Everard 't Serclaes
10. Maison des Boulangers

1 Hôtel de Ville

Das Rathaus, das älteste der großen Gebäude an der Grand Place, wurde seit dem 15. Jahrhundert oft umgebaut. Auf dem Turm steht eine Statue des hl. Michael, der den Teufel tötet.

2 Maison du Roi

Das mittelalterlich wirkende »Haus des Königs« *(oben)* aus den 1870er Jahren beherbergt das Musée de la Ville de Bruxelles (Stadtmuseum), u. a. mit Kleidern für das Manneken Pis.

3 Le Renard

Wie die meisten Bauten an der Grand Place war Nr. 7 ein Zunfthaus: das der Gilde der Krämer und Kurzwarenhändler. Es wurde nach 1695 wieder aufgebaut (Architekt: Marc de Vos). Die Statue des Fuchses *(Le Renard)* über dem Eingang versinnbildlicht den Hausnamen.

Näheres über das Manneken Pis **siehe S. 10**

4 Le Cornet

Das herrlich kunstvolle Gebäude (Haus Nr. 6) war einst das Zunfthaus der Schiffer. Das oberste Stockwerk ist dem Heck einer Galeone nachgebildet.

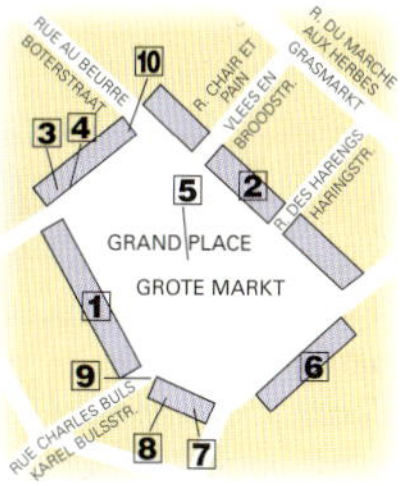

Zur Orientierung

5 Tapis de Fleurs

Alle zwei Jahre wird die Grand Place Mitte August mit einem Teppich aus Millionen von frischen Blüten in historischen Mustern bedeckt *(oben)*.

6 Maison des Ducs de Brabant

Die Südostseite des neoklassizistischen Bauwerks besteht aus einem Gebäudekomplex, der sich in sieben Einheiten gliedert (1698).

7 Maison des Brasseurs

Das von Guillaume de Bruyn entworfene Zunfthaus der Bierbrauer (Nr. 10) heißt L'Arbre d'Or (Goldener Baum). Es wird noch heute von der Confédération des Brasseries de Belgique genutzt und beherbergt ein Biermuseum.

8 Le Cygne

»Der Schwan« (Nr.9) wurde 1698 als Wohnhaus wieder aufgebaut. 1720 erwarb es die Metzgergilde, später wurde ein Café daraus. Karl Marx traf sich hier mit Vertretern der deutschen Arbeiterbewegung.

9 Statue von Everard 't Serclaes

Everard 't Serclaes starb 1388 hier, als er sich der Einnahme der Stadt widersetzte. Es soll Glück bringen, den Arm der Statue zu berühren *(unten)*.

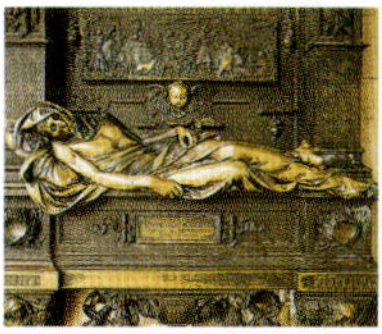

10 Maison des Boulangers

Das Zunfthaus der Bäcker *(oben)* weist viele Symbole auf, u. a. sechs Figuren, die für die wichtigsten Dinge beim Brotbacken stehen. Auf der achteckigen Dachkuppel tanzt eine Figur, die den Ruhm versinnbildlicht.

Nicht mehr ganz original

Die Zunfthäuser der Grand Place sind größtenteils im Stil der flämischen Renaissance des späten 16. und frühen 17. Jahrhunderts gebaut, doch nur wenige stammen wirklich aus dieser Zeit. Am 13. und 14. August 1695 brachten auf Geheiß Ludwigs XIV. französische Truppen unter Marschall de Villeroy ihre Kanonen in Stellung, zielten auf den Turm des Hôtel de Ville und zerstörten das Stadtzentrum. Unbeeindruckt davon bauten die Bürger in nur fünf Jahren ihre Grand Place wieder auf.

Der Tapis de Fleurs wird nur in Jahren mit geraden Zahlen angelegt.

Links **La Bourse** Mitte **Église Saint-Nicholas** Rechts **Rue des Bouchers – »Straße der Metzger«**

TOP 10 Rund um die Grand Place

1 Manneken Pis

Niemand weiß, warum die Bronzeplastik eines mit kräftigem Strahl pinkelnden Jungen zum beliebtesten Symbol Brüssels wurde – doch es ist so. Seit dem frühen 18. Jahrhundert werden Kleider aller Art für ihn gefertigt – er besitzt jetzt 650. *Ecke Rue de l'Étuve und Rue du Chêne • Karte B3*

2 Galeries Royales Saint-Hubert

Die 1847 erbaute Einkaufspassage ist zwar nicht die älteste Europas, aber eine der prachtvollsten. *Karte C2*

3 Rues des Bouchers

Viele Straßen rund um die Grand Place lassen auf das Handwerk schließen, das einst dort ausgeübt wurde. Die »Straße der Metzger« und die Petite Rue des Bouchers sind wegen der Lokale und der verlockenden Lebensmittelauslagen berühmt. *Karte C3*

Galeries Royales Saint-Hubert

4 Église Saint-Nicholas

Nikolaus von Myra – Sankt Nikolaus – ist der Schutzheilige der Kaufleute. Die diesem Heiligen geweihte Kirche wurde ab dem 14. Jahrhundert von den Händlern der Grand Place besucht. Der Innenraum besitzt trotz vieler Einschnitte eine mittelalterliche Atmosphäre – der Entweihung durch protestantische Aufständische im 16. Jahrhundert, des Beschusses von 1695 und des Umbaus in den 1950er Jahren. In den letzten Jahren wurde die Kirche umfangreich renoviert. *Rue au Beurre 1 • Karte C3 • (02) 219 75 30 • Mo–Fr 8–18.30 Uhr, Sa 9–18 Uhr, So 9–19.30 Uhr • frei*

5 La Bourse

Die Börse ist ein unverwechselbarer Blickfang im Brüsseler Stadtbild. Sie wurde 1873 nach Vorbild eines griechischen Tempels gebaut. Heute dient sie zuweilen als Ausstellungsgebäude. Unterhalb der Börse sind die freigelegten Reste eines Klosters, nach dem Gründungsjahr Bruxella 1278 genannt, zu besichtigen. *Karte B3 • Bruxella 1278: (02) 279 43 55 (Führungen 1. Mi im Monat)*

6 Musée du Costume et de la Dentelle

Das kleine, aber sehenswerte Museum zeigt eine erlesene Auswahl an historischen Trachten und Brüsseler Spitze. *Rue de la Violette 12 • Karte C3 • (02) 213 44 50 • Mo, Di, Do, Fr 10–12.30 Uhr & 13.30–17 Uhr, Sa–So 14–17 Uhr • Eintritt*

Nur wenige der Restaurants rund um die Rue des Bouchers sind wirklich empfehlenswert **siehe S. 74f**

7 Biscuiterie Dandoy

Hier werden seit 1829 die besten Kekse Brüssels hergestellt. In einem hübsch dekorierten Schaufenster lockt köstliches Kleingebäck wie *speculoos, sablés* und Waffeln. *Rue au Beurre 31 • Karte C3*

8 Église Notre-Dame de Bon Secours

An dieser entzückenden kleinen Kirche (1664–94) fällt der hoch emporstrebende sechseckige Chor mit Kuppeldecke auf. An der Fassade prangt das Wappen des Regenten der österreichischen Niederlande im 18. Jahrhundert, Karl von Lothringen. *Rue du Marché au Charbon 91 • Karte B3 • (02) 514 31 13 • tägl. Juni–Nov 9.30–18 Uhr, Dez–Mai 10–17 Uhr • frei*

Brautkleid, Musée du Costume

9 Place Saint-Géry

Dies ist der Ort der frühesten Ansiedlung in Brüssel. Inzwischen wird er von Les Halles de Saint-Géry dominiert, einem Gebäude aus Stahl und roten Ziegeln, das 1881 als Fleischmarkt errichtet wurde. Heute gibt es hier Kunstgewerbe, Ausstellungen und ein Café. Der Platz wird zunehmend zum Treff von Nachtschwärmern. *Karte B3*

10 Statue des Charles Buls

Auf der Place Agora steht eine sehenwerte Statue: ein Bildnis des bärtigen Künstlers, Gelehrten und Reformpolitikers Charles Buls (1837–1914) mit Hund. Buls, der von 1891 bis 1899 Bürgermeister war, ließ die Grand Place restaurieren. *Karte C3*

Île Saint-Géry & Senne

Am Anfang bestand Brüssel aus einer Gruppe kleiner Flussinseln in einem Sumpfgebiet. Der Sage nach stiftete der hl. Géry, Bischof von Cambrai, im 6. Jahrhundert auf einer dieser Inseln eine Kirche, um die sich eine Siedlung bildete. Deren Name Bruocsella (aus dem später Brussel, Bruxelles, Brüssel wurde) bedeutet »Haus im Sumpf« und wurde erstmals 966 erwähnt. Herzog Karl von Lothringen ließ ein Jahrzehnt später auf dieser Insel eine Burg bauen – dieses Datum gilt als die eigentliche Stadtgründung. Bis 1798 stand auf der Insel eine Kapelle, dann wurde diese von französischen Truppen zerstört. Das Flüsschen Senne, ein Nebenfluss der Schelde, schlängelte sich noch im 19. Jahrhundert durch die Stadt, etwa entlang einer Linie zwischen Gare du Midi und Gare du Nord. Mit steigender Einwohnerzahl wurde der Fluss zu einem gefährlichen Hort von Krankheiten; nach wiederholten Cholera-Epidemien überbaute man die Senne zwischen 1867 und 1871 im gesamten Innenstadtbereich. So entstanden u. a. der Boulevard Anspach und der Boulevard Adolphe Max. Der Fluss selbst wurde Teil der Stadtkanalisation.

Die Senne (Gemälde von Jean-Baptiste van Moer)

Näheres über Brüssels Abwassersystem **siehe S. 40 (Musée des Égouts)**

TOP 10 Musées Royaux des Beaux-Arts

Brüssels »Königliche Museen der Schönen Künste« zu besichtigen, ist eine Tour de Force. Viele große Namen der Kunstgeschichte sind hier versammelt, die Anzahl der flämischen Werke ist beeindruckend. Die beiden Komplexe – das Musée d'Art Ancien (15.–18. Jh.) und das Musée d'Art Moderne (19. und 20. Jh.) – sind räumlich miteinander verbunden. Die gegenwärtig andauernden, umfangreichen Renovierungsarbeiten machen eine gelegentliche Neuordnung der Sammlungen notwendig.

Fassade der Musées Royaux des Beaux-Arts

Die Museen haben eine eigene Cafeteria. Attraktiver ist allerdings das Du Mim im nahe gelegenen Musée des Instruments de Musique *(siehe S. 16f)*; einen Katzensprung entfernt sind die Cafés der Place du Grand Sablon, darunter der vorzügliche *chocolatier* Wittamer *(siehe S. 72)*.

Die Abteilungen des 15., 16., 19. Jahrhunderts sind von 12 bis 13 Uhr geschlossen, die Abteilungen des 17., 18., 20. Jahrhunderts von 13 bis 14 Uhr.

- *Rue de la Régence 3*
- *Karte C4*
- *(02) 508 32 11*
- *www.fine-arts-museum.be*
- *Di–So 10–17 Uhr*
- *Eintritt 5 € (Kinder unter 13 Jahren frei), am 1. Mi im Monat ab 13 Uhr frei*

Top 10 Meisterwerke

1. *Othons Gerechtigkeit*
2. *Beweinung Christi*
3. *Der Sturz des Ikarus*
4. *Das Martyrium des hl. Livincus*
5. *Der Tod des Marat*
6. *Les Masques Singuliers*
7. *Du Silence*
8. *Die Promenade*
9. *Dame in Blau vor Spiegel*
10. *Domäne von Arnheim*

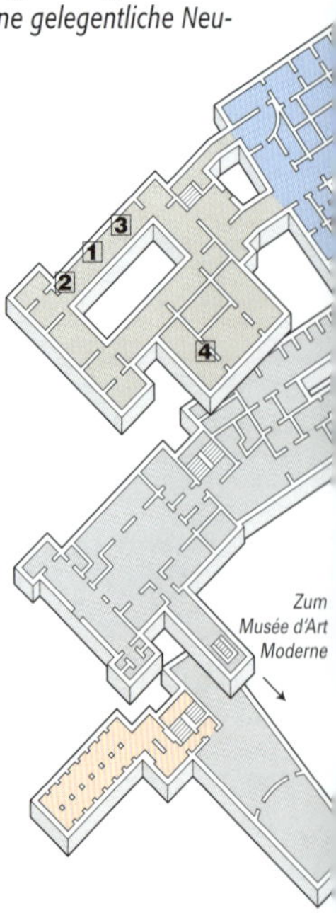

1 Othons Gerechtigkeit

Die Momentaufnahme des mittelalterlichen Lebens, 1471–1473 von Dieric Bouts (um 1420–1475) gemalt, erzählt eine Geschichte quasi in Form eines Comics: Kaiser Othon (Otto II.) lässt einen von seiner Gemahlin fälschlich des Ehebruchs Bezichtigten enthaupten.

2 Beweinung Christi

Typisch für Rogier van der Weyden ist der gefühlsstarke Ausdruck – hier in der Darstellung (um 1420–50) des Gekreuzigten in den Armen seiner Mutter *(rechts)*.

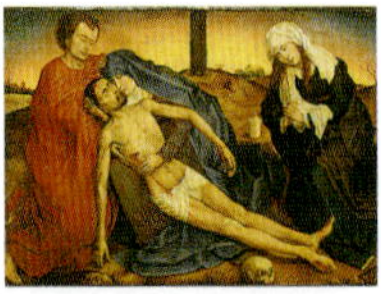

3 Der Sturz des Ikarus

Das Gemälde von Pieter Brueghel d. Ä. von 1567 siedelt die Tragödie in geschönter Normalität an *(oben)*.

4 Das Martyrium des hl. Livincus

Rubens schuf Meisterwerke von erschütternder Dynamik, die den Blick des Betrachters durch das Bild lenkt und ihn mit Hochgefühl und Ehrfurcht erfüllt. So vermittelt die Brutalität des grausamen Martyriums zugleich die Kraft der Erlösung.

Mehr zu den berühmtesten Künstlern Belgiens **siehe S. 36f**

5 Der Tod des Marat

Der französische Revolutionär Marat wurde in der Badewanne ermordet. Das Gemälde *(rechts)* von Jacques-Louis David ist beeindruckend realistisch.

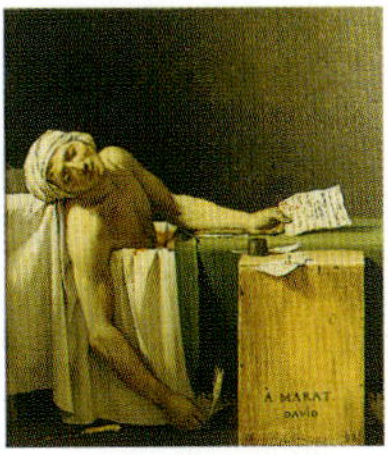

9 Dame in Blau vor Spiegel

Rik Wouters konnte die häusliche Atmosphäre perfekt einfangen. Auf dem Bild (1914) sind fauvistische Farbtöne mit kräftigem Pinselstrich aufgetragen – dabei wirkt die Farbe so ausgewogen wie der Bildaufbau.

6 Les Masques Singuliers

Das kraftvolle Gemälde von 1892 *(rechts)* ist ein typisches Beispiel für die bizarre Bilderwelt und die grenzenlos schweifende Fantasie des belgischen Symbolisten James Ensor.

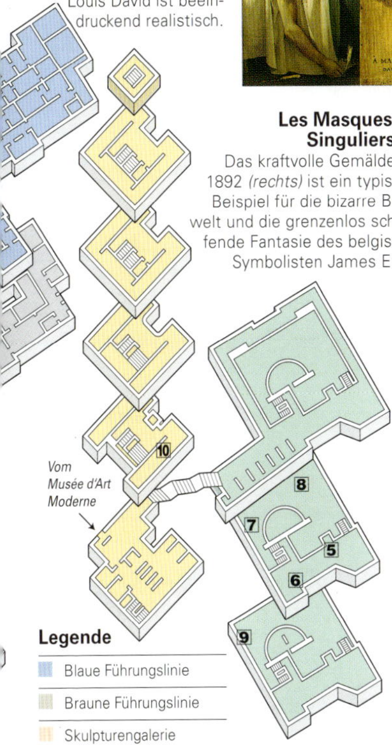

10 Domäne von Arnheim

René Magritte gab visuelle Rätsel auf. In diesem Bild von 1962 *(unten)* werden ambivalente Gefühle von Bedrohung und Geborgenheit suggeriert.

Legende

- Blaue Führungslinie
- Braune Führungslinie
- Skulpturengalerie
- Musée Magritte
- Grüne Führungslinie

7 Du Silence

Dieses Gemälde von 1890 *(links)* ist das Werk des einflussreichen Symbolisten Fernand Khnopff. Sein großes Interesse galt den unbewussten Tiefen der Fantasie.

8 Die Promenade

Diese wunderbare Szene schuf Théo van Rysselberghe, ein Vertreter des Pointillismus, im Jahr 1901. Sie zeigt vier Mädchen, die an einem windigen Strand spazieren gehen.

Kurzführer

Die Sammlungen sind nach Jahrhunderten geordnet – für jede gibt es eine Leitfarbe. Die blaue Linie führt zum 15. und 16. Jahrhundert, die braune zum 17. und 18. Jahrhundert. Die gelbe Leitfarbe (Ebenen +3 bis -2) verweist auf das Musée Magritte; die Grüne Linie der absteigenden Ebenen (-3 bis -8) führt durch das 20. Jahrhundert bis zur modernen Bildhauerei. Skulpturen (orangefarbene Linie) sind überwiegend im Erdgeschoss.

Mehr zu den belgischen Symbolisten **siehe S. 15**

Links **Haupthalle der Musées Royaux des Beaux-Arts** Rechts **Skulpturengalerie**

TOP 10 Sammlungen

1 Gebäude
Die Hauptgebäude liegen auf dem Coudenberg im alten königlichen Bezirk Brüssels. Entworfen wurden sie von Alphonse Balat (1818–1895), dem damals führenden Architekten, der auch die Königlichen Gewächshäuser in Laeken *(siehe S. 80)* anlegte. Er war zudem der Lehrer von Victor Horta *(siehe S. 19)*.

2 Blaue Linie
Die Räume mit den ältesten Werken (15./16. Jh.) können einen ganzen Museumstag in Anspruch nehmen. Bei den frühen flämischen Ölgemälden ist das Erbe der mittelalterlichen Buchmalerei erkennbar, die späteren verraten den Einfluss der italienischen Renaissance.

3 Brueghel-Sammlung
Die blaue Linie führt zur weltweit zweitgrößten Sammlung mit Werken von Pieter Brueghel d. Ä. (Raum 31). Die ebenfalls hier ausgestellten Gemälde Pieter Brueghels d. J. zeigen, wieviel der Sohn vom Vater übernahm.

4 Braune Linie
Das 17. Jahrhundert war das zweite Goldene Zeitalter der flämischen Malerei – mit Rubens, Jordaens und Van Dyck. Hier wird deutlich, warum Antwerpen einst Kunstzentrum Europas war.

Le puddleur von C. Meunier

5 Rubens-Sammlung
Die Rubens-Sammlung entlang der braunen Linie (vor allem im Raum 62) verdeutlicht, warum der Maler so gefeiert wurde. Für jene, die bei Rubens nur an Massenszenen mit nackten, molligen Frauen denken, wird diese Sammlung neue Erkenntnisse bringen: Sie offenbart vitale Kreativität, Spontaneität und künstlerische Risikofreude.

6 Orangefarbene Linie
Die Skulpturengalerie umfasst Werke vom 18. bis zum 20. Jahrhundert. Sehr eindrucksvoll sind die beweglichen Figuren von Constantin Meunier.

7 Magritte-Sammlung
Die Bilder von René Magritte hat man so oft als Reproduktionen gesehen, dass es ein besonderes Erlebnis ist, sie im Original und aus nächster Nähe betrachten zu können. Die Sammlung enthält etliche seiner berühmten surrealistischen Werke.

8 Sammlung des 19. Jahrhunderts
Die Abteilung mit Werken von Hippolyte Boulenger, Alfred Stevens, Charles Hermans, Henri Evenepoel und Émile Claus zeigt Ausdruckskraft und Brillanz der belgischen Maler des 19. Jahr-

Weitere führende Kunstsammlungen **siehe S. 34f**

hunderts. Stars sind hier aber die Symbolisten und James Ensor.

9 Grüne Linie
Die moderne Abteilung (20. Jh.) präsentiert Picasso, Chagall und Dalí. Belgien ist u. a. mit Werken von Delvaux, Spilliaert und Wouters gut vertreten.

10 Sint-Martens-Latem-Schule
Entlang der grünen Linie bieten Werke von Georges Minne, Gustave van de Woestyne, Albert Servaes, Valerius de Saedeleer, Gustave de Smet und Constant Permeke ein breites stilistisches Spektrum.

Marché d'oranges à Blidah, Henri Evenepoel

Die belgischen Symbolisten

Zu den bedeutenden Schätzen der Musées Royaux des Beaux-Arts zählt die Sammlung belgischer Symbolisten (entlang der gelben Linie). Der Symbolismus war in den beiden letzten Jahrzehnten des 19. Jahrhunderts die vorherrschende künstlerische Strömung. Ursprünglich war er eine literarische Bewegung, doch seine Intentionen werden in der Malerei besonders deutlich. Er ist eine Reaktion auf den Realismus: Anstatt die »wirkliche« Welt abzubilden, versuchten die Symbolisten, die Welt des Geistes, des Unbewussten und der Fantasie zu erkunden. Die stilistischen Mittel sind äußerst vielfältig: Jean Delville evozierte bewegende mythische Szenen; Fernand Khnopff bewirkte mit diskreter Meisterschaft eine eigenartige, unterschwellige Spannung; Léon Spilliaert erzeugte durch Schwarz-Weiß-Kompositionen melancholische Stimmungslagen; Léon Frédéric verband sozialen Realismus mit poetischem Symbolismus.

Baigneuse von Léon Spilliaert

Top 10 Symbolisten

1. Fernand Khnopff (1858–1921)
2. Léon Frédéric (1856–1940)
3. Jean Delville (1867–1953)
4. Léon Spilliaert (1881–1946)
5. Théo van Rysselberghe (1862–1926)
6. Félicien Rops (1833–1898)
7. James Ensor (1860–1949)
8. Georges Minne (1866–1944)
9. Le Cercle des Vingt (1884–1893)
10. La Libre Esthétique (1894–1914)

Weitere Werke von Magritte zeigt das Koninklijk Museum voor Schone Kunsten in Antwerpen **siehe S. 103**

TOP 10 Musée des Instruments de Musique

Das Musée des Instruments de Musique, oft auch Musée Instrumental oder »Le MIM« genannt, besitzt eine einzigartige Musikinstrumentensammlung von der Antike bis zur Gegenwart mit über 6000 Einzelstücken. Die Ausstellung wurde vor Kurzem neu arrangiert. Die Besucher können jetzt über Kopfhörer miterleben, wie die einzelnen Instrumente tatsächlich klingen. Das Museum befindet sich heute in einem klassischen Art-nouveau-Gebäude, dem einstigen Kaufhaus »Old England«. Das Café du MIM in der obersten Etage bietet nicht nur Erfrischungen, sondern auch einen wunderschönen Blick auf Brüssel.

»Le MIM« im »Old England«-Gebäude

Das Café du MIM in der obersten Etage des Museums bietet Erfrischungen aller Art und kleine Mittagsgerichte zu vernünftigen Preisen, z. B. Sandwiches, Pastagerichte oder Salate. Wenn hier zu viel los ist, kann man zu den nahe gelegenen Cafés an der Place du Grand Sablon gehen.

Rechnen Sie damit, dass Sie mindestens zwei Stunden für den Museumsbesuch benötigen, vermutlich sogar drei bis vier. Das MIM schließt um 17 Uhr; um 16.45 Uhr werden die Besucher aufgefordert, das Musem zu verlassen.

- *Rue Montagne de la Cour 2*
- *Karte D4*
- *(02) 545 01 30*
- *www.mim.fgov.be*
- *Di–Fr 9.30–17 Uhr, Sa & So 10–17 Uhr*
- *Eintritt 5 €*

Top 10 Attraktionen

1. »Old England«-Gebäude
2. Infrarot-Kopfhörer
3. Instrumente (20. Jh.)
4. Mechanische Instrumente
5. Außereuropäische Instrumente
6. Saiteninstrumente
7. Historischer Überblick
8. Le Restaurant du MIM
9. Folkloreinstrumente
10. Tasteninstrumente

1 »Old England«-Gebäude

Das Gebäude von 1899 ist ein Prachtexemplar der Glas-Stahl-Bauweise der Art-nouveau-Architekten. Achten Sie beim Besuch auch auf den Innenausbau!

2 Infrarot-Kopfhörer

Besucher erhalten zusammen mit der Eintrittskarte einen Infrarot-Kopfhörer. Wenn man sich bestimmten Ausstellungsstücken nähert, werden automatisch Tonaufnahmen dieser Instrumente abgespielt.

3 Instrumente (20. Jh.)

Die moderne Technik hatte beträchtliche Auswirkungen auf die Musik der letzten Jahrzehnte: von Verstärkern über Synthesizer bis zu digital erzeugter Musik. Diese Sammlung bietet faszinierende Einblicke. Falls Sie nicht wissen, was ein Ondes Martenot ist – hier erfahren Sie es.

4 Mechanische Instrumente

In dieser Abteilung werden Erfindergeist und Einfallsreichtum der Instrumentenbauer offenkundig. Zu sehen sind u. a. kunstvolle Spieldosen und ein *Carilon* (Glockenspiel).

Die Old England Company gibt es nach wie vor. Sie residiert heute in der Avenue Louise 419.

5 Außereuropäische Instrumente

Das MIM legt Wert auf ethnologische Aspekte. Hier finden Sie Panflöten, Sitars, afrikanische Harfen und Trommeln, Gamelan-Orchesterinstrumente und tibetische Hörner.

8 Le Restaurant du MIM

Auch wenn Sie keine Stärkung möchten: Fahren Sie mit dem Lift in den sechsten Stock, um den Ausblick zu genießen. Man sieht die Statue des hl. Michael auf dem Rathausturm und – weiter entfernt – die Basilique Nationale sowie das Atomium.

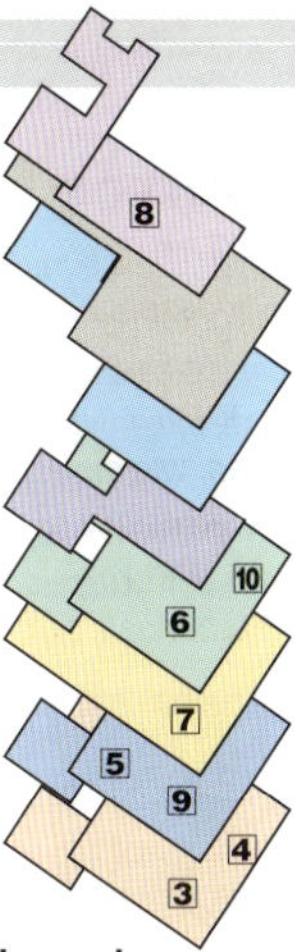

Legende

- Untergeschoss
- Erdgeschoss
- Erster Stock
- Zweiter Stock
- Dritter Stock
- Vierter Stock
- Fünfter Stock
- Sechster Stock

6 Saiteninstrumente

Die Abteilung für Saiteninstrumente (2. Stock) zeigt Violinen in allen Formen, Psalter, Hackbretter, Harfen, Lauten und Gitarren. Man sieht auch die Rekonstruktion einer Geigenbauerwerkstatt.

7 Historischer Überblick

Hier wird die Entwicklung abendländischer »Kunst«-Instrumente von der Antike über die Renaissance bis in die Neuzeit erklärt. Per Kopfhörer erlebt man die zunehmende Vielfalt der Klänge.

9 Folkloreinstrumente

Die faszinierende Sammlung europäischer Folkloreinstrumente umfasst Flöten, Rasseln, Akkordeons, Drehleiern und sogar einige belgische Glastrompeten.

10 Tasteninstrumente

Sehenswert: die Cembali aus der Werkstatt der Ruckers *(unten)*, die ab dem 16. Jahrhundert in Antwerpen wirkten.

Kurzführer

Das Museum erstreckt sich über vier der acht Etagen des Gebäudes. Im Untergeschoss gibt es mechanische Instrumente und Exponate aus dem 20. Jahrhundert, im Erdgeschoss die volkstümlichen Instrumente. Die Ausstellung über die Historie westlicher Musikinstrumente nimmt den 1. und 2. Stock ein, darunter sind viele Tasten- und Saiteninstrumente. Im 3.Stock befindet sich eine Bibliothek (Zutritt nach Vereinbarung), im 5. ein Konzertsaal. Ganz oben ist das Café-Restaurant. Es gibt Treppen und auch einen Lift.

Mehr zur Art-nouveau-Architektur in Brüssel **siehe S. 44f**

TOP 10 Musée Horta, Brüssel

Ende des 19. Jahrhunderts wuchs Brüssel, Zentrum avantgardistischen Designs, rasant. Um den Bedarf an eleganten Villen zu decken, griffen Architekten auf viele historische Muster zurück. Dem daraus resultierenden Eklektizismus setzte Victor Horta 1893 einen neuen, später »Art nouveau« (Jugendstil) genannten Stil entgegen. Sein Wohnhaus zeigt die in Schmiedeeisen, Buntglas, Mosaiken, Wandgemälden und Holzarbeiten ausgeführten stiltypischen sinnlichen Schwünge und künstlerischen Überraschungseffekte am besten.

Salon im Musée Horta

An der nahen Place du Châtelain gibt es viele reizvolle Cafés und Bars. Wenn Sie vor der Museumsöffnung um 14 Uhr gut und preiswert zu Mittag essen wollen, gehen Sie in die bezaubernde La Canne en Ville *(siehe S. 81)*; Designer-Flair finden Sie in La Quincaillerie (Eisenwarenhandlung) aus dem Jahr 1903 *(siehe S. 81)*.

Das Musée Horta befindet sich inmitten von mehreren hübschen Art-nouveau-Gebäuden. Diese stehen in der Rue Defacqz, Rue Faider und Rue Paul-Émile Janson. Ebenso in der Nähe: das Hôtel Hannon *(siehe S. 44)*.

- *Rue Américaine 23–25, Brüssel 1060 (Saint-Gilles)*
- *Karte G2*
- *(02) 543 04 90*
- *www.hortamuseum.be*
- *Di–So 14–17.30 Uhr, Mo & Feiertage geschl.*
- *Eintritt 7 €*

Top 10 Sehenswert

1. Gebäude
2. Treppenhaus
3. Eisenstrukturen
4. Elemente der Ausstattung
5. Möbel
6. Bleigefasstes Glas
7. Mosaiken
8. Holzarbeiten
9. Sammlung Philippe Wolfers
10. Modell des Volkshuis

1 Gebäude

Für seine Auftraggeber schuf Horta ganz individuelle Entwürfe. Beim Bau seines eigenen Hauses brachte er den neuen Stil zur vollen Entfaltung. Es besteht aus zwei unterschiedlichen Teilen: Wohnhaus und Trakt mit Atelier und Büros.

2 Treppenhaus

Die Innenarchitektur wird vom Treppenhaus dominiert, in das durch die obere Glaskonstruktion Tageslicht fällt. Das eiserne Treppengeländer ist jugendstiltypisch verziert *(oben)*.

3 Eisenstrukturen

Zu Hortas Zeit galt es noch als äußerst gewagt, Häuser mit Eisenkonstruktionen zu bauen. Horta ließ einige Streben absichtlich unverkleidet und verzierte sie mit Schmiedeeisenarbeiten, um die Aufmerksamkeit darauf zu lenken *(unten)*.

Mehr zu den Art-nouveau-Bauten von Horta **siehe S. 44f**

4 Elemente der Ausstattung

Horta war ein *ensemblier* par excellence – er wollte ein Gebäude bis ins letzte Detail gestalten, inklusive der Installationen, Türklinken und Kleiderhaken. Nichts blieb dem Zufall überlassen – so entstand der Eindruck umfassender Meisterschaft.

5 Möbel

Neben den Türklinken und Kleiderhaken entwarf Horta auch die Möbel für seine Häuser. Obwohl sie typische Art-nouveau-Merkmale aufweisen, sind Hortas Möbel einfach, zweckmäßig und dezent.

6 Bleigefasstes Glas

Bleigefasstes Glas – Scheiben, die durch Bleistreifen zusammengehalten werden – regte die Art-nouveau-Architekten zu künstlerischen Formen an. Dies ist hier bei Türen und beim Oberlicht des Treppenhauses zu sehen.

7 Mosaiken

Die geschwungenen Linien der Art-nouveau-Muster in den Bodenmosaiken des Speisezimmers *(oben)* mildern die Strenge der Wand- und Deckenfliesen.

8 Holzarbeiten

Art nouveau und Jugendstil verbinden Strenge mit Luxus. Die reichen Schnitzereien im Speisezimmer sind naturbelassen, damit der Charakter des Holzes voll zur Geltung kommt *(unten)*.

9 Sammlung Philippe Wolfers

Horta arbeitete mit dem damals führenden Juwelier und Silberschmied Philippe Wolfers (1858–1929) zusammen. In üppigen Mustern kombinierte Wolfers Edelsteine, Elfenbein und edle Metalle, um Schmuck, aber auch Innendekor, etwa Leuchten, zu schaffen. Eine Auswahl seiner Kreationen ist in Hortas Büro ausgestellt *(unten)*.

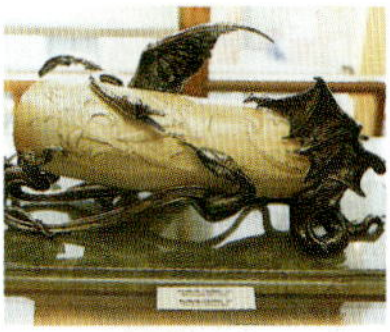

10 Modell des Volkshuis

Horta baute viele öffentliche Gebäude – von denen nur wenige erhalten sind. Das Volkshuis (La Maison du Peuple) war eine Gusseisenkonstruktion, die er 1895 für die Société Coopérative schuf. Ein Modell des Gebäudes ist im Keller des Musée Horta zu sehen.

Victor Horta

Victor Horta (1861–1947), Sohn eines Schusters aus Gent, befasste sich schon mit 13 Jahren mit Architektur. 1893 gestaltete er das Hôtel Tassel *(siehe S. 44)*, was seinen Ruhm begründete. Danach entwarf er Wohnhäuser, Kaufhäuser und öffentliche Bauten. Nach dem Ersten Weltkrieg kam Art nouveau aus der Mode und Horta entwickelte einen strengeren Stil, wie z. B. beim Palais des Beaux-Arts in Brüssel. 1932 wurde Horta Baron.

Die deutsche Bezeichnung für Art nouveau – Jugendstil – geht auf die Münchner Zeitschrift Jugend *zurück.*

Centre Belge de la Bande Dessinée

Wir kennen alle Tintin (Tim), den vielleicht berühmtesten Belgier der Welt. Der Comic-Held ist nur einer von Hunderten, die in Belgien im Lauf des letzten Jahrhunderts geschaffen wurden. Der Comic (französisch bande dessinée*) wird auch als »neunte Kunst« bezeichnet. Das in einem renovierten Kaufhaus untergebrachte Centre Belge de la Bande Dessinée (CBBD) in Brüssel erklärt Geschichte und Produktion von Comics und stellt die Schöpfer und Hauptfiguren berühmter Reihen vor. Die Bibliothek im CBBD besitzt 40 000 Comics.*

Brasserie Horta

Die Brasserie Horta im CBBD eignet sich bestens, um Erfrischungen oder eines der angebotenen Mittagsgerichte zu sich zu nehmen. Nicht weit entfernt vom CBBD gibt es an der Grand Place eine Fülle von Cafés und Restaurants. Noch näher liegt die berühmte Bar À la Mort Subite ***(siehe S. 72)*****, ein Traditionslokal, in dem es auch** ***Gueuze*****-Bier gibt.**

Beachten Sie, dass das CBBD nicht zur Unterhaltung von Kleinkindern geeignet ist – vor allem, wenn sie weder Französisch noch Niederländisch verstehen. Es soll vielmehr Kennern die Entwicklung einer Kunstgattung zeigen.

- *Rue des Sables 20*
- *Karte D2*
- *(02) 219 19 80*
- *Di–So 10–18 Uhr*
- *Eintritt 6,20 €*

Top 10 Comic-Welt

1. Gebäude
2. Wie Comics entstehen
3. Espace Saint-Roch
4. Wechselausstellungen
5. Bibliothek
6. Le Musée de l'Imaginaire
7. Le Musée de la Bande Dessinée Moderne
8. Slumberland-Buchladen
9. Audiovisionen
10. Tintin (Tim und Struppi)

1 Gebäude

Das CBBD (sprich: *»cébébédé«*) befindet sich in den früheren Magasins Wauquez, einem Art-nouveau-Gebäude mit Glas-Gusseisen-Architektur *(großes Foto)*, das 1903 bis 1906 von Victor Horta errichtet wurde *(siehe S. 45)*.

2 Wie Comics entstehen

Die Ausstellung zeigt das Handwerk dieser Kunstform – wie die Vorstellungen des Texters und des Zeichners *(le scénariste)* grafisch umgesetzt und zu Druckvorlagen ausgearbeitet werden.

3 Espace Saint-Roch

In einem großen, abgedunkelten Ausstellungsraum werden 200 der rund 6000 Originalzeichnungen des Museums in wechselnden Zusammenstellungen gezeigt. Viele wurden sogar aus den Papierkörben von Verlagen gerettet – von wo sie sonst üblicherweise in den Müll gewandert wären.

4 Wechselaustellungen

Der zweite Stock des Museums beherbergt vielfältige Wechselausstellungen. Ganzjährig finden solche Veranstaltungen statt, die sich häufig einem ganz bestimmten Comic-Thema oder einem speziellen Motto widmen.

Mehr zu Comics unter **www.comic.de** & **www.comictage.de**

8 Slumberland-Buchladen

Der Name des Ladens bezieht sich auf den kleinen Nemo. Hier gibt es alles zum Thema Comic.

5 Bibliothek

Die Bibliothek besitzt einen Lesesaal *(oben)* und eine Abteilung für wissenschaftliche Arbeiten.

9 Audiovisionen

Hier werden Filme und Videos im Zusammenhang mit laufenden Ausstellungen gezeigt.

6 Le Musée de l'Imaginaire

Das »Museum der Fantasie« zeigt die Ursprünge des Comics auf und beleuchtet viele der klassischen Vorbilder.

7 Le Musée de la Bande Dessinée Moderne

Die Ausstellung *(unten)* zeigt neueste Trends, darunter humoristische, politische, erotische Comics.

10 Tintin (Tim und Struppi)

Natürlich ist der Hauptheld des CBBD der berühmte Reporter-Junge Tintin *(oben)*, den Hergé erfand. Die Hefte wurden in rund 40 Sprachen übersetzt und erreichten weltweit eine Auflage von mehr als 140 Millionen. Das Museum würdigt das Werk mit 3-D-Modellen der Hauptfiguren.

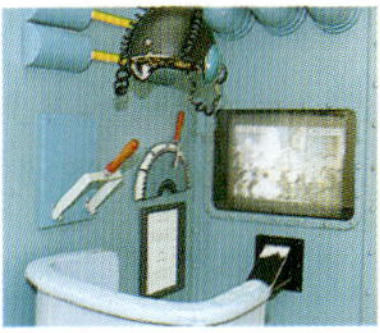

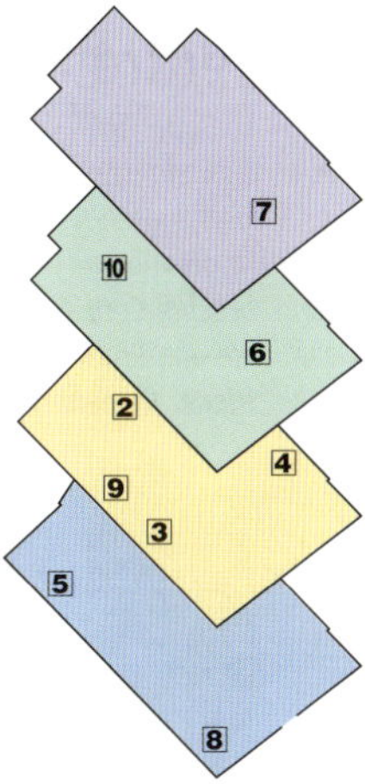

Zur Orientierung

Legende

- Erdgeschoss
- Erster Stock
- Zweiter Stock
- Dritter Stock

Tintin

Die Karriere von Tintin begann 1929, als er erstmals in der Beilage zu *Le Petit Vingtième* erschien. Sein in Brüssel geborener Erfinder Hergé (Georges Rémi) entwickelte die Figur weiter und ließ Tintin (in der deutschen Version: Tim) unterschiedlichste Abenteuer bestehen, die sich auch auf die Zeitgeschichte bezogen, etwa auf den beginnenden Faschismus (in *König Ottokars Zepter*). Tintins Charme liegt in seiner naiven Entschlossenheit; hinzu kommen archetypische Figuren wie Kapitän Haddock, Professor Bienlein und Tims treuer Hund Struppi.

Mehr zu Hergé **siehe S. 48**

Top 10 Burg, Brügge

Brügge entstand um 862 als Burg auf einer Insel im Sumpfgebiet der Reye. Die Burg selbst ist verschwunden, doch der zauberhafte Platz an ihrer Stelle – eben die Burg – bildet seit Jahrhunderten das historische Herz der Stadt. Das eindrucksvollste Gebäude ist das Stadhuis, ein spätgotisches Rathaus, das gebaut wurde, als Brügge ein bedeutendes Handelszentrum war. Fast jedes Jahrhundert ist durch eines der Häuser auf dem Platz vertreten – und jedes Gebäude birgt eines der faszinierenden Geheimnisse dieser Stadt.

Breidelstraat

Getränke, Waffeln? Tom Pouce auf der rechten Burgseite ist zu empfehlen.

Alle Sehenswürdigkeiten der Burg sind auf engstem Raum gruppiert. In zwei Stunden haben Sie alles besichtigt.

- *Karte L4*
- *Heilig Bloedbasiliek & Basiliuskapelle: Burg 13. Apr–Sep: tägl. 9.30–12 Uhr & 14–18 Uhr, Okt–März: Do–Di 10–12 Uhr & 14–18 Uhr, Mi 14–16 Uhr; Schatkamer (Museum): Eintritt 1,50 €*
- *Stadhuis (»Gotische Halle«): Burg 12; Di–So 9.30–17 Uhr; Eintritt 2,50 € (inkl. Audioführer und Eintritt für den Renaissancezaal; Kinder unter 13 Jahren frei)*
- *Renaissancezaal van het Brugse Vrije: Burg 11a; Di–So 9.30–12.30 Uhr & 13.30–17 Uhr; Eintritt (inkl. Stadhuis)*
- *Fremdenverkehrsbüro siehe S. 112*

Top 10 Bauten

1. Breidelstraat
2. Heilig Bloedbasiliek
3. Basiliuskapelle
4. Stadhuis
5. Oude Griffie
6. Renaissancezaal van het Brugse Vrije
7. Landhuis van het Brugse Vrije
8. Nordseite
9. Proostdij
10. Blinde Ezelstraat

1 Breidelstraat

Die pittoreske Straße *(oben links)*, die den größten Marktplatz von Brügge, den »Markt«, mit der »Burg« verbindet, wird von Souvenirläden gesäumt und von Geschäften, die Brügges berühmte Spitze verkaufen.

2 Heilig Bloedbasiliek

An der Westseite der Burg liegt die romanische Heiligblutbasilika *(oben)*, die im 19. Jahrhundert neugotisch umgebaut wurde. Im Museum wird die Reliquie, eine Phiole mit den Blutstropfen Christi, aufbewahrt.

3 Basiliuskapelle

Unter der Heilig Bloedbasiliek liegt eine zweite Kapelle von gänzlich anderem Charakter *(unten)*. Sie wurde im 12. Jahrhundert aus mächtigen grauen Steinen erbaut; ein schönes Beispiel für den schweren romanischen Baustil. Außerdem ist sie Zeugnis für die Ursprünge des Platzes als Burg.

Mehr über Brügges berühmtes Fest, die »Heilig Bloedprocessie«, **siehe S.50**

4 Stadhuis

Das Stadhuis (Rathaus), ein bedeutender mittelalterlicher Profanbau *(großes Bild)*, ist Ausdruck des einstigen Selbstbewusstseins Brügges; es wurde von 1376 bis 1420 im spätgotischen Flamboyantstil erbaut und im 19. Jahrhundert restauriert.

7 Landhuis van het Brugse Vrije

Dieses schlichte Herrenhaus aus dem 18. Jahrhundert war einst der Sitz der »Freiheit von Brügge«, der Verwaltung und Gerichtsbarkeit der Umgebung der Stadt. Brügge selbst jedoch verwaltete sich unabhängig.

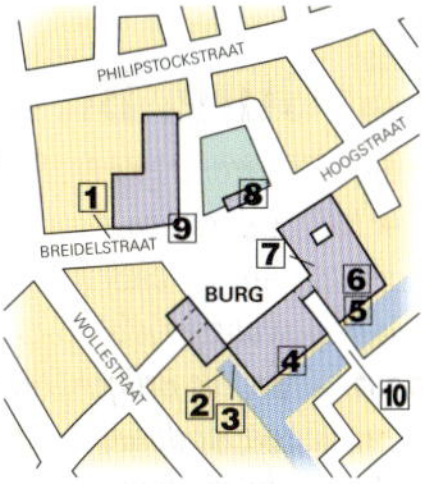

Zur Orientierung

10 Blinde Ezelstraat

Eine Gasse südlich der Burg führt unter einem Bogen durch, der die Oude Griffie mit dem Stadhuis verbindet. »Blinde-Esel-Straße« bezieht sich auf eine Kneipe, in der es billiges Bier gab.

5 Oude Griffie

Die »Alte Gerichtskanzlei« (1534–1537) ist eines der wenigen Renaissancebauwerke, die es in Brügge gibt *(unten)*.

6 Renaissancezaal van het Brugse Vrije

An einer Ecke der Burg liegt dieser Saal, dessen Prunkstück der Kaminsims Kaiser Karls V. ist, ein Meisterwerk der Holzschnitzkunst (16. Jh.).

8 Nordseite

Der moderne Pavillon *(oben)* von Toyo Ito entstand 2002 an der Stelle der »verschwundenen Kathedrale« *(siehe Kasten)* zur Feier Brügges als Kulturhauptstadt Europas.

9 Proostdij

Die Propstei an der Nordseite ist im üppigen flämischen Barockstil gebaut (1622). Auf der Dachbrüstung befindet sich eine Statue der Justitia.

Die verschwundene Kathedrale

Bilder von Brügges Zentrum vor 1799 zeigen an der Nordseite der Burg die mächtige Sint-Donaaskerk. Die Kirche an dieser Stelle stammte noch aus Brügges Gründungszeit, Jan van Eyck war hier bestattet. Der Bau wurde im Lauf der Zeit vergrößert und war ab 1559 die Kathedrale der Stadt. Französische Revolutionstruppen zerstörten sie während der Besetzung Brügges. Ausgegrabene Reste des Fundaments sind im Hotel Crowne Plaza zu besichtigen.

Mehr über Kaiser Karl V. **siehe S. 46, S. 47**

Groeninge- & Memlingmuseum

Diese beiden Museen besitzen einige der schönsten Werke spätmittelalterlicher Kunst. Sie zeigen exquisite Sammlungen von Bildern Jan van Eycks (ca. 1390–1441) und Hans Memlings (1435–1494). Die beiden Häuser liegen nahe beieinander. Das Groeningemuseum ist eine kleine, reizvolle Gemäldesammlung. Das Memlingmuseum ist Teil des alten, kürzlich renovierten Sint-Janshospitaal. Das mittelalterliche Spital hatte bei Hans Memling die Gemälde für die Kapelle in Auftrag gegeben – dort sind sie heute noch zu sehen.

Fassade des Groeningemuseum

Das Groeningemuseum liegt nur einen kurzen Spaziergang vom Stadtzentrum mit seinen zahlreichen Cafés und Restaurants entfernt ***(siehe S. 91–93).***

Wenn Sie mehrere Museen in Brügge besuchen wollen, lohnt es sich, beim Fremdenverkehrsamt an der Burg nach dem Kombi-Ticket zu fragen. Es gilt für fünf Museen der Stadt (darunter diese beiden) und kostet 12 €.

- *Groeningemuseum: Dijver 12; Karte L4. (050) 44 87 11; Di–So 9.30–17 Uhr; Eintritt 8 € (Kinder unter 13 Jahren frei)*
- *Memlingmuseum: Mariastraat 38; Karte K5; Di–So 9.30–17 Uhr; Eintritt 8 € (Kinder unter 13 Jahren frei)*

Top 10 Gemälde

1. *Das Jüngste Gericht*
2. *Das Urteil des Cambyses*
3. Schrein der hl. Ursula
4. *Legende der hl. Ursula*
5. Moreel-Triptychon
6. *Secret-Reflet*
7. *Jungfrau mit Kind und Kanonikus van der Paele*
8. *Porträt einer Brügger Familie*
9. Triptychon der Heiligen Johannes der Täufer und Johannes der Evangelist
10. *Die Anbetung der Könige*

1 Das Jüngste Gericht

Hieronymus Bosch (um 1450–1516) ist für seine albtraumhaften Gemälde voller Seelenängste und Höllenqualen berühmt. Das Bild *(oben)* gibt Einblick in das damalige religiöse Empfinden.

3 Schrein der hl. Ursula

Im Jahr 1479 vollendete Hans Memling dieses etwa einen Meter lange Reliquiar *(großes Bild)*, das die Legende der hl. Ursula auf 14 Bildtafeln darstellt.

2 Das Urteil des Cambyses

Brügge beging 1488 den Fehler, Maximilian, den Regenten der Niederlande, gefangen zu nehmen. Das große Flügelbild von Gerard David (für das Rathaus) mit der grausigen Häutung des korrupten Richters *(rechts)* kommt einer Entschuldigung gleich.

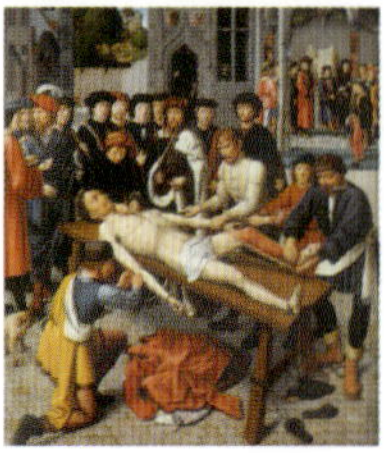

4 Legende der hl. Ursula

Die Bildtafeln des »Meisters der Legende der hl. Ursula« zeigen die Geschichte der Königstochter und ihrer 11 000 Jungfrauen, die in Köln von den Hunnen grausam hingerichtet wurden.

6 Secret-Reflet

Dieses klassisch symbolistische Werk aus dem Jahr 1902 *(rechts)* von Fernand Khnopff (1858–1921) enthält ein Bild des Sint-Janshospitaal. Der Titel ist ein Wortspiel über die »Reflexion« der beiden Bilder.

7 Jungfrau mit Kind und Kanonikus van der Paele

Das bedeutendste Werk der Sammlung *(oben)* wurde 1436 von Jan van Eyck mit großer Detailgenauigkeit gemalt.

8 Porträt einer Brügger Familie

Im 16. Jahrhundert stieg Antwerpen zum neuen Wirtschafts- und Kunstzentrum auf. In Brügge gab es jedoch nach wie vor Wohlstand und Würde, wie dieses Familienbildnis *(rechts)* von Jacob van Oost d. Ä. zeigt.

10 Die Anbetung der Könige

Die kleine Arbeit, die in der Kapelle des Memlingmuseums ausgestellt ist, schuf Memling 1479. Sie ist als Jan-Floreins-Triptychon bekannt – nach dem Kunstmäzen, den man links auf dem Mittelpaneel knien sieht.

Brügges Goldenes Zeitalter

Unter den Herzögen von Burgund blühte Brügge auf; 1429 wurde es Hauptstadt Burgunds. Die Oberschicht kam zu Reichtum und förderte die Künste nach Kräften. Die Herzöge von Burgund verbanden sich durch Heirat mit europäischen Königshäusern: Philipp der Gute ehelichte Isabella von Portugal, Karl der Kühne Margarete von York. Die Hochzeiten waren rauschende Feste – Stoff für abendländische Sagen. Diese Lebenswelt wurde in den Bildern flämischer Maler verklärt.

5 Moreel-Triptychon

Das Werk *(oben)* gab Willem Moreel, Bürgermeister von Brügge, 1484 bei Hans Memling in Auftrag. Moreel ist auf der linken Tafel zu sehen, seine Frau auf der rechten.

9 Triptychon der Heiligen Johannes der Täufer und Johannes der Evangelist

Das Werk von Hans Memling (1479) würdigt die beiden Heiligen; sie sind die Schutzpatrone des Sint-Janshospitaal.

Jacob van Oosts Porträt einer Brügger Familie **siehe S. 84**

Van Eycks *Anbetung des Lamms*

Die Sint-Baafskathedraal in Gent birgt einen der größten Kunstschätze Mitteleuropas: Der berühmte Genter Altar, ein riesiges, von den Brüdern Hubert und Jan van Eyck gemaltes Polyptychon (1432), zeigt die Heilsgeschichte. Dass das Werk erhalten blieb, grenzt an ein Wunder. 1566 wurde es vor protestantischen Bilderstürmern gerettet, 1822 vor einem Brand. Teile des Altars wurden 1794 von französischen Soldaten geraubt, 1816 verkauft und 1934 gestohlen. Das Original wurde rekonstruiert und ist in der Vijd-Kapelle ausgestellt.

Sint-Baafskathedraal (St.-Bavo-Kathedrale)

Gleich bei der Kathedrale finden Sie etliche nette Cafés. Etwas Besonderes ist das Café-Restaurant De Foyer in der 1. Etage des Theaters Schouwburg. Von der Terrasse aus überblickt man den Platz ***(siehe S. 99).***

Kommen Sie beizeiten, da die Vijd-Kapelle pünktlich schließt. Letzte Karten werden 15 Minuten, die letzten Audioführer (von 50 Minuten Länge) 30 Minuten vor Schließung ausgegeben.

- *Sint-Baafskathedraal, Sint-Baafsplein*
- *Karte Q2*
- *(09) 269 20 45*
- *Altarbild: Apr–Okt: Mo–Sa 9.30–17 Uhr, So 13–17 Uhr; Nov–März: Mo–Sa 10.30–17 Uhr, So 13–17 Uhr*
- *Eintritt frei*

Top 10 Details

1. Polyptychon
2. Lamm Gottes
3. Gott der Allmächtige
4. Blumen
5. Maria
6. Musizierende Engel
7. Eva
8. Himmelsstadt
9. Inschrift
10. Die äußeren Bildtafeln

1 Polyptychon

Das Gemälde hat zwölf Bildtafeln, vier in der Mitte und je vier auf den Seitenflügeln. Die untere Reihe stellt die Spiritualität der Welt und Gottes auserwähltes Volk dar, die obere das Himmelreich mit Adam und Eva zu beiden Seiten.

2 Lamm Gottes

Im Zentrum der Tafel *(oben)* steht das Lamm Gottes, dessen Blut auf einen Altar strömt. Vier Gruppen nähern sich ihm: Märtyrerinnen, Gestalten des Neuen Testaments und der Kirchengeschichte, Patriarchen und Propheten des Alten Testaments sowie Gläubige.

3 Gott der Allmächtige

Die Mittelfigur der oberen Reihe ist Gott. Er trägt ein leuchtend rotes Gewand und eine juwelenbesetzte Mitra. In der Hand hält er ein Zepter; zu seinen Füßen liegt eine Krone. Das Antlitz strahlt Ruhe und Güte aus.

Audioführer (in mehreren Sprachen) sind im Eintrittspreis enthalten. Ein Band läuft 50 Minuten lang und ist sehr informativ.

4 Blumen
Die zahlreichen, vom Maler detailgetreu wiedergegebenen Blüten sind Ausdruck der Überzeugung, dass alles in der Natur Gottes Schöpfung ist.

5 Maria
Die Gestalt der Maria sagt viel über das mittelalterliche Ideal weiblicher Schönheit aus. Sie hat feine Züge, ist geschmückt und in ihre Lektüre vertieft.

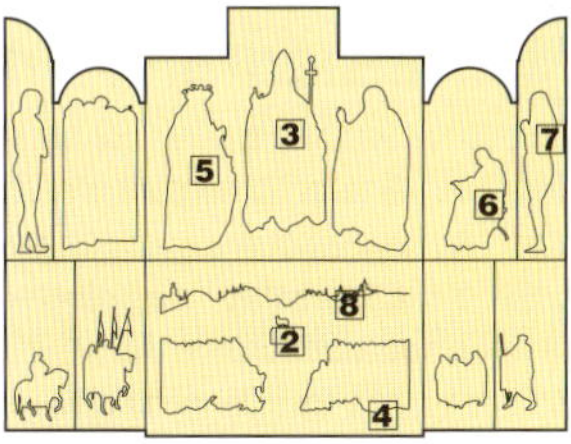

Schema des Polyptychons

10 Die äußeren Bildtafeln
Die Seitenflügel lassen sich zuklappen. Die Außentafeln sind farblich gedämpft und betonen beim Öffnen die Farbwirkung des Inneren.

6 Musizierende Engel
Auf einer Seite der oberen Reihe singt ein himmlischer Chor *(rechts)*, während auf der anderen ein Engelsorchester spielt. Die Figuren sind äußerst detailliert gemalt.

7 Eva
Die realistische Darstellung von Adam und Eva empörte Jan van Eycks Zeitgenossen. Heute noch fällt ihre Nacktheit neben all den üppig gewandeten Figuren auf. Die beiden von rechts beleuchteten Körper zeigen van Eycks Kenntnis der menschlichen Anatomie.

8 Himmelsstadt
Im Hintergrund des Mittelbildes erheben sich die Türme des idealisiert dargestellten Jerusalem.

9 Inschrift
Im 19. Jahrhundert wurde eine Inschrift freigelegt, die die Brüder van Eyck als Schöpfer des Genter Altars rühmt.

Einfluss auf die europäische Kunst
Flämischen Malern – vor allem Jan van Eyck – wird oft die Erfindung der Ölmalerei zugeschrieben. Fest steht, dass sie diese Maltechnik vervollkommneten. Antonello da Messina, Vorreiter der Ölmalerei in Italien, soll die Kunst von den flämischen Meistern erlernt haben. Ihre Vorteile gegenüber der Tempera- oder Freskomalerei waren offenkundig. Italienische Künstler übernahmen die Öltechnik und führten sie im Italien der Hochrenaissance zur Vollendung.

Mehr zur Sint-Baafskathedraal **siehe S. 95**

TOP 10 Kathedrale, Antwerpen

Onze Lieve Vrouwe ist nicht nur die größte gotische Kathedrale Belgiens, sondern auch eine der schönsten. Der fein gearbeitete Turm, der den mittelalterlichen Marktplatz überragt, ist das Wahrzeichen der Stadt. Auch nach der Bauzeit von 170 Jahren war die Kathedrale nicht gänzlich fertiggestellt. Als Kirche der wohlhabenden Zünfte war sie reich an Schreinen und Altarbildern. Trotz Bränden und Verwüstungen im 16. und 18. Jahrhundert besitzt sie noch heute viele wertvolle Kunstschätze, darunter zwei Triptychen von Rubens.

Westportal

In der Nähe der Kathedrale gibt es viele Cafés, Bars und Restaurants. Das Gasthaus Het Vermoeide Model *(siehe S. 108)* ist an die Außenmauer der Kathedrale gebaut. Von der Terrasse des Restaurants Rooden Hoed *(siehe S. 108)* kann man die Orgel hören. Die Bar Het Elfde Gebod (Das elfte Gebot) ist mit sakralen Plastiken geschmückt *(siehe S. 109)*.

Lauschen Sie dem Glockenspiel – die Melodien der 49 Glocken erklingen stündlich. Im Sommer gibt es regelmäßig Glockenkonzerte. Die Glocken werden dann von einem Keyboard aus angeschlagen.

- *Handschoenmarkt*
- *Karte T2*
- *(03) 213 99 51*
- *Mo–Fr 10–17 Uhr, Sa 10–15 Uhr, So & Feiertage 13–16 Uhr*
- *Eintritt 2 € (unter 12 Jahren frei)*

Top 10 Sehenswert

1. Turm
2. Kirchenschiff
3. *Die Kreuzaufrichtung*
4. Kanzel
5. Original-Wandmalereien
6. *Erhöhung der Jungfrau Maria durch die Kunst*
7. Burgundisches Fenster
8. Kuppel
9. Madonna von Antwerpen
10. Schyven-Orgel

1 Turm

Der reich verzierte, elegante Turm der Kathedrale wurde ab Mitte des 15. Jahrhunderts in rund 100 Jahren erbaut. Er ist 123 Meter hoch. Zur Spitze hin werden die gotischen Stilelemente zunehmend gewagter. Vergleichbarer Art ist nur der Turm des Brüsseler Hôtel de Ville aus etwa derselben Zeit.

2 Kirchenschiff

Die Weite des Raumes, viel Glas und die Höhe des Schiffs mit Rippengewölbe lassen das Innere der Kathedrale hell, luftig und erhaben wirken. Die Säulen zum Seitenschiff besitzen keine Kapitelle, sondern gehen direkt in gotische Bogen über.

3 Die Kreuzaufrichtung

Dieses Triptychon und die ebenso eindrucksvolle *Kreuzabnahme* auf der anderen Seite des Schiffes mehrten Rubens' Ansehen in Antwerpen. Das Mittelbild und der rechte Seitenflügel lassen den kraftvollen Malstil von Rubens erkennen, eines der Markenzeichen des berühmten Malers.

Mehr zu Rubens **siehe S. 30f**

4 Kanzel
Kanzeln aus Eichenholz mit kunstvollen Schnitzereien gibt es in vielen belgischen Kirchen. Das Motiv dieser Kanzel, die Verkündigung des Evangeliums auf den »vier« Erdteilen, ist mit Vögeln, Bäumen, Engeln, Heiligen und symbolischen Figuren illustriert.

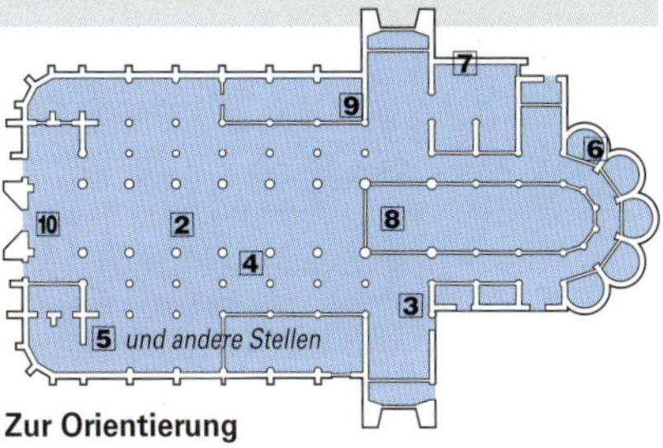

Zur Orientierung

5 Original-Wandmalereien
Viele Wandgemälde der Kathedrale bröckelten ab oder wurden übermalt. Restauratoren haben einzelne Fragmente gerettet.

6 Erhöhung der Jungfrau Maria durch die Kunst
Im 19. Jahrhundert wurde die Kathedrale durch umfangreiche Renovierung vor dem Verfall bewahrt. Die Rekonstruktion des mittelalterlichen Flairs einiger Kapellen hinter dem Chor ist hervorragend gelungen. Albert de Vriendts Triptychon lehnt sich an den Stil Van Eycks an.

7 Burgundisches Fenster
Ein Großteil der ursprünglichen Buntglasfenster der Kathedrale blieb erhalten. Das Burgundische Fenster *(unten)* ist das älteste (1503). Es zeigt Philipp den Schönen und Johanna von Kastilien mit Schutzheiligen.

8 Kuppel
Von außen wirkt die Kuppel wie eine abgestufte Zwiebel. Innen *(links)*, erkennt man, dass die Fensterreihen das Licht auf Cornelis Schuts Deckengemälde *Mariä Himmelfahrt* (1647) lenken. Es ensteht der Eindruck, man blicke direkt in den Himmel.

9 Madonna von Antwerpen
Die außergewöhnliche, kleine Holzstatue ist seit dem 16. Jahrhundert Gegenstand der Anbetung. Sie trägt wechselnde Gewänder und Kronen.

10 Schyven-Orgel
Das Instrument ist von einem herrlichen Gehäuse umgeben, das drei führende Bildhauer des 17. Jahrhunderts schufen.

Bilderstürmer & französische Revolutionäre

Die Kathedrale von Antwerpen war einst überaus reich geschmückt, doch zwei Ereignisse fügten ihr großen Schaden zu: In den 1560er Jahren plünderten protestantische Bilderstürmer die Kirchen – Statuen, Gemälde und Reliquien wurden entwendet. In den 1790er Jahren fiel die marodierende Soldateska der Französischen Revolution über die Kirchen her, zerstörte sie oder nutzte sie als Ställe, Lagerhäuser, Kasernen oder Fabriken.

TOP 10 Rubenshuis, Antwerpen

1610 sah sich der Hofmaler Pieter Paul Rubens (1577–1640) – soeben aus Italien zurückgekehrt und frisch verheiratet – in der Lage, ein großes Haus zu erwerben. Darin wohnte und arbeitete er bis zu seinem Tod. Anschließend war das Haus jahrhundertelang dem Verfall ausgesetzt. 1937 erwarb die Stadt das Anwesen, es wurde restauriert und mit Möbeln aus der Zeit von Rubens eingerichtet. Heute besticht es durch historischen Charme und die Möglichkeit, den authentischen Entstehungsort großer Kunstwerke zu besichtigen.

Gartenanlage des Rubenshuis

Das Rubenshuis verfügt über ein elegantes Café-Restaurant, das Rubens Inn, in dem man sowohl einen Imbiss als auch ein komplettes Mittagsmenü erhält. Moderner ist das Grand Café Horta (Hopland 2) – gleich um die Ecke *(siehe S. 108)*.

Im Rubenshuis ist immer Hochbetrieb, zu jeder Tageszeit, an allen Tagen, vor allem im Sommer. Wenn Sie bei Ihrem Besuch etwas mehr Ruhe wollen, kommen Sie gleich morgens nach der Öffnung.

- *Wapper 9–11*
- *Karte U2*
- *(03) 201 15 55*
- *http://museum.antwerpen.be/rubenshuis*
- *Di–So 10–17 Uhr, Mo & Feiertage geschl.*
- *Eintritt 6 € (einschl. Audioführer; Ausweis muss als Sicherheit hinterlegt werden); letzter Mi im Monat frei*

Top 10 Attraktionen

1. Gebäude
2. Barocker Säulengang
3. Wohnzimmer
4. Küche
5. Bildergalerie
6. Speisezimmer
7. Großer Schlafraum
8. Halbrundes Museum
9. Kleines Schlafgemach
10. Atelier

1 Gebäude

Das Haus besteht aus zwei um einen Innenhof gebauten Teilen. Linkerhand des Eingangs liegt die ältere Hälfte im flämischen Stil. Hier befand sich der Wohnbereich, in dem die Familie lebte und Gäste empfing. Im rechten Teil, den Rubens im prächtigen Barockstil entwarf, sind die Arbeitsräume mit Rubens' Atelier.

2 Barocker Säulengang

Den verzierten Portikus *(rechts)* entwarf Rubens im italienischen Barockstil als Verbindung zwischen den beiden Gebäudeteilen. Er bildet auch das beeindruckende Portal zum formstrengen Garten.

3 Wohnzimmer

Bemerkenswert sind hier die Wandbehänge: Geprägtes spanisches Leder diente in den Häusern von Wohlhabenden als eine Art Tapete.

Die besten Sammlungen von Rubens-Gemälden **siehe S. 34f**

4 Küche

Die hübsche kleine Küche mit den gekachelten Wänden und dem offenen Herd ist typisch für Flandern. Beachten Sie die Topfhaken, mit denen man die Kessel unterschiedlich hoch über das Feuer hängen konnte. Hier entstanden deftige flämische Gerichte.

7 Großer Schlafraum

Rubens starb in dem heute als Wohnzimmer eingerichteten Schlafgemach. An der Wand hängt ein Gemälde von Veronese: *Das Martyrium der Heiligen Markus und Marcellinus.*

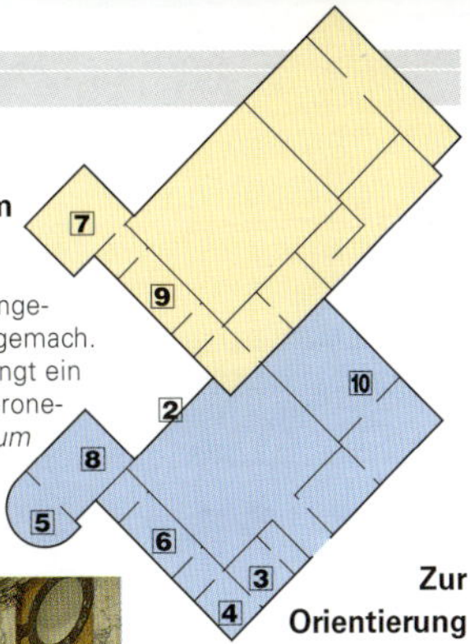

Zur Orientierung

Legende

- Erdgeschoss
- Erster Stock

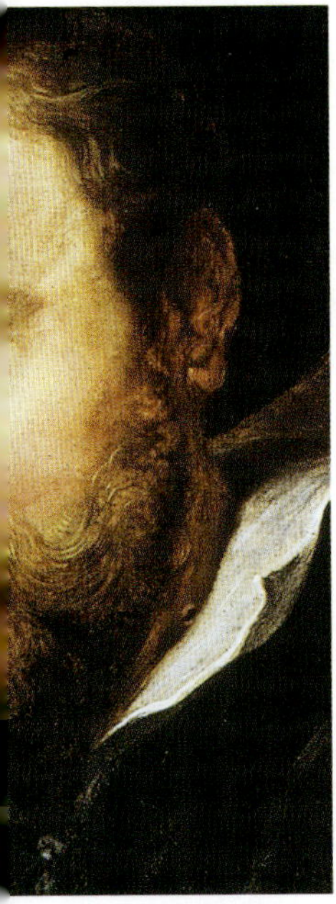

8 Halbrundes Museum

Den vom römischen Pantheon inspirierten eleganten Raum *(oben)* nutzte Rubens für die Ausstellung seiner Skulpturensammlung. Heute ist hier u. a. eine Lucas Fayherbe zugeschriebene Büste eines Satyrs zu sehen.

5 Bildergalerie

Das hier ausgestellte Gemälde *Die Bildergalerie des Cornelis van der Geest* zeigt, wie Rubens' Galerie wohl ausgesehen hat – jeder Zentimeter mit Bildern behängt!

6 Speisezimmer

Essen und Trinken spielten damals eine zentrale gesellschaftliche Rolle *(rechts)*. Künstlerischer Blickfang im Speisezimmer ist Rubens' Selbstporträt *(großes Bild)*.

9 Kleines Schlafgemach

Das schöne Kastenbett aus dem 17. Jahrhundert *(oben)* fällt sogleich ins Auge. Daneben hängt ein Porträt von Helena, der zweiten Frau Rubens'.

10 Atelier

In dem riesigen Raum *(oben)* schuf Rubens mit Gehilfen und Schülern sein umfangreiches Werk. Unter den hier hängenden Bildern sieht man das unvollendet gebliebene Gemälde *Heinrich IV. in der Schlacht von Ivry* (um 1628–30).

Größe & Schwung

Im Alter von 13 Jahren begann Rubens bereits mit seiner malerischen Ausbildung. Doch erst seine acht in Italien verbrachten Jahre formten ihn künstlerisch. Sein Werk stand im Einklang mit Dimension und Dynamik der barocken Architektur, der Gegenreformation und der Prachtentfaltung an europäischen Höfen. Unermüdlich arbeitend schuf er 2000 große Gemälde.

Rubens hatte – vor Warhol – eine richtige Malfabrik. Oft entwarf er nur das Thema eines Bildes; seine Schüler führten es dann aus.

Links **Sint-Janshospitaal (Memlingmuseum)** Rechts **Musée David et Alice van Buuren**

Top 10 Kunstsammlungen

1 Musées Royaux des Beaux-Arts, Brüssel

Brüssels Museum der Schönen Künste besitzt Sammlungen mit Werken von Brueghel, Rubens, Jordaens, Magritte, Ensor, Delvaux, Wouters *(unten)* und den Symbolisten *(siehe S. 12–15)*.

Dame in Blau vor Spiegel von Rik Wouters

2 Musée Communal d'Ixelles, Brüssel

Die kleine, aber hochrangige Sammlung umfasst neben Größen wie Rembrandt, Toulouse-Lautrec und Picasso auch führende belgische Künstler wie Léon Spilliaert *(rechts)*. Das Museum liegt im Stadtteil Ixelles südlich des Stadtzentrums *(siehe S. 78)*.

3 Musée Constantin Meunier, Brüssel

Die Galerie im Wohnhaus des Bildhauers Constantin Meunier (spätes 19. Jh.) ist heute der Ausstellung seiner Werke gewidmet. Die Plastiken dokumentieren seine scharfe sozialkritische Haltung *(siehe S. 79)*.

4 Musée David et Alice van Buuren, Brüssel

Die private Kunstsammlung befindet sich in einem hübschen Art-déco-Haus mit schönem Garten *(siehe S. 77)*.

5 Groeningemuseum, Brügge

Brügges wichtigste Kunstsammlung ist für ihren einzigartigen Reichtum an Werken flämischer Meister des »Goldenen Zeitalters« bekannt. Das Museum ist gut überschaubar *(siehe S. 24f)*.

6 Memlingmuseum, Brügge

Die Gemälde von Hans Memling waren für die Kapelle des mittelalterlichen Spitals, des Sint-Janshospitaal, zur Tröstung der Kranken bestellt worden. Nach Restaurierung der Krankensäle und der Kapelle kann man die Bilder wieder in ihrer früheren Umgebung sehen *(siehe S. 24f)*.

Les Troncs Gris von Léon Spilliaert

Vorhergehende Doppelseite **Dächer von Zunfthäusern in Antwerpen**

7 Museum voor Schone Kunsten, Gent

Das frisch renovierte Museum der Schönen Künste in Gent besitzt eine bunt gemischte Sammlung. Darunter finden sich einige herausragende Werke. Es ist nur ein paar Schritte vom SMAK entfernt *(siehe S. 97)*.

8 Stedelijk Museum voor Actuele Kunst (SMAK), Gent

Das Haus moderner Kunst veranstaltet Ausstellungen mit neuesten Werken führender Künstler, verfügt aber auch über eine bedeutende eigene Sammlung. Das SMAK provoziert Anhänger und Skeptiker gleichermaßen zur Stellungnahme *(siehe S. 97)*.

Stedelijk Museum voor Actuele Kunst

9 Koninklijk Museum voor Schone Kunsten, Antwerpen

Antwerpens Museum der Schönen Künste kann Spitzenwerke belgischer Malerei vorweisen – von Van Eyck bis Pierre Alechinsky. Eine der führenden Sammlungen Europas *(siehe S. 103)*.

10 Museum voor Hedendaagse Kunst (MUHKA), Antwerpen

Der Standort des Museums im aufstrebenden früheren Dockareal der Stadt ist mottobildend: Das MUHKA bietet künstlerisches Neuland mit wachsendem Ansehen *(siehe S. 106)*.

Top 10 Werke außerhalb von Museen

1 Die Anbetung des Lamms (1432)
Jan und Hubert van Eycks Altarbild *(siehe S. 26f)*.

2 Die Kreuzaufrichtung (1609/10)
Wundervolles Triptychon von Rubens *(siehe S. 28)*.

3 Die Kreuzabnahme (1611–14)
Dieses Triptychon von Rubens kontrastiert Tod und Geburt Christi *(siehe S. 28)*.

4 Madonna mit Kind (1504/05)
Michelangelos Skulptur von hypnotischer Würde *(siehe S. 86)*.

5 Barockkanzel (1699)
Hendrik Verbruggens kunstvolle Kanzel in der Kathedrale von Brüssel *(siehe S. 68)*.

6 Die Geschichte Brügges (1895)
Zwölf herrliche neugotische Wandgemälde von Albert und Julien De Vriendt im Stadhuis von Brügge *(siehe S. 22f)*.

7 Der Denker (um 1905)
Kopie der Rodin-Statue auf einem Grab des Friedhofs Laeken (Brüssel). *Parvis Notre-Dame, 1020 BRU (Laeken) • Karte F1 • tägl. 8.30–16.30 Uhr*

8 Erfüllung & Die Tänzerin (1908–11)
Gustav Klimts meisterhafte Mosaiken im Speisezimmer des Palais Stoclet sind selten zu besichtigen *(siehe S. 80)*.

9 Brunnen der knienden Jünglinge (1898)
Georges Minnes bekanntestes Werk. *Emile Braunplein (vor dem Belfort, Gent)*

10 Nos Vieux Trams Bruxellois (1978)
Kunst in der Métro von Paul Delvaux. *Station Bourse, Brüssel*

Mehr zu den belgischen Symbolisten **siehe S. 15**

Links **Mariä Himmelfahrt von Rubens** Rechts **Anbetung des Lamms von den Brüdern van Eyck**

TOP 10 Belgische Künstler

1 Jan van Eyck

Die brillante Technik und fast fotografische Detailgenauigkeit der Arbeiten Jan van Eycks (um 1390–1441) sind in Bildern wie *Jungfrau mit Kind und Kanonikus van der Paele (siehe S. 25)* und *Anbetung des Lamms (siehe S. 26f)* unverkennbar. Van Eyck beeinflusste mit seinem Werk die italienische Renaissance.

2 Rogier van der Weyden

Van der Weyden (um 1400–1464), einer der führenden flämischen »Primitiven«, ist für die starke Emotionalität seiner Werke bekannt, zu sehen etwa bei *Die sieben Sakramente* im Koninklijk Museum voor Schone Kunsten, Antwerpen *(siehe S. 103)*. Er wirkte meist in Brüssel und stieg nach Jan van Eycks Tod zum bedeutendsten Maler auf.

Laurent Froimont von Rogier van der Weyden

3 Hans Memling

Der in Deutschland geborene Hans Memling (um 1433–1494) wurde von Rogier van der Weyden ausgebildet. Er war einer der erfolgreichsten Künstler seiner Zeit. Farbgebung, Bildaufbau und Detailtreue verbinden sich in seinen Werken mit Schönheit und Empfindsamkeit *(siehe S. 24f)*.

4 Pieter Brueghel d.Ä.

Im 16. Jahrhundert suchten flämische Künstler neue Anregungen in Italien, wodurch sie ihre klare, »nördliche« Sehweise verwischten. Brueghel (um 1525–1569) widersetzte sich dieser Tendenz und malte, was er um sich sah, in einem ganz eigenen Stil. Seine Bilder vom Landleben berühren durch ihre »Naivität«.

5 Pieter Paul Rubens

Fast alle großen flämischen Maler des 16. Jahrhunderts bildeten sich in Italien fort, doch kaum einer profitierte so stark von dieser Erfahrung wie Pieter Paul Rubens (1577–1640). Er verband die kraftvolle flämische Technik mit italienischer Eleganz zu einer Kunst voll Schwung und Dynamik.

6 Antoon van Dyck

Antoon van Dyck (1599–1641), ein Schüler von Rubens, erreichte in vielem dessen Technik und Themenvielfalt, ist aber vor allem wegen seiner Porträts berühmt. Er war Hofmaler Charles' I von England, der ihn in den Adelsstand erhob.

Mehr über das Haus, in dem Rubens lebte und wirkte **siehe S. 30f**

Pietà von Antoon van Dyck

7 Jacob Jordaens

Nach dem Tod von Rubens stieg sein Mitarbeiter Jacob Jordaens (1593–1678) zum führenden Maler Antwerpens auf. Seine allegorischen Bilder strahlen die Lebensfreude der Barockzeit aus.

8 James Ensor

Die Bilder von James Ensor (1860–1949), einem der großen Exzentriker der Kunstgeschichte, sind von Skeletten, Masken und grässlichen Karikaturen bevölkert *(siehe S. 13)*.

9 Paul Delvaux

Einige der berühmtesten surrealistischen Bilder stammen von Paul Delvaux (1897–1994): sinnliche, tranceartige Szenen mit schläfrigen nackten Schönheiten in kulissenhafter Architektur.

10 René Magritte

Die traumartig wirkenden Gemälde von René Magritte (1898–1967) sind neben Salvador Dalís Werken beispielhaft für den Surrealismus. Magritte malte und lebte jedoch dezenter, wie man im Musée René Magritte in Brüssel feststellen kann *(siehe S. 80)*.

Top 10 Weitere belgische Künstler

1 Constantin Meunier
Bildhauer und Maler (1831–1905); Bronzeplastiken von Arbeitern *(siehe S. 79)*.

2 Théo van Rysselberghe
Maler (1862–1926), schuf mit Mitteln des Pointillismus einen glatten, klaren Stil.

3 Émile Claus
Postimpressionistischer Maler (1849–1924) ländlicher Szenen von lichter Klarheit; seine Technik: »Luminismus«.

4 Jean Delville
Einer der einfallsreichsten Symbolisten (1867–1953) schuf grelle Visionen satanischer Mächte.

5 Léon Frédéric
Symbolist (1856–1940), der sozialen Realismus und poetische Visionen verband.

6 Fernand Khnopff
Die rätselhaften Bilder des Symbolisten (1858–1928) sind durchdrungen von unterdrückter Sexualtiät.

7 Léon Spilliaert
Symbolist (1881–1946) von großer Originalität, dessen Werke (oft Schwarz-Weiß-Bilder) man sofort erkennt.

8 Rik Wouters
Die Arbeiten des Malers und Bildhauers (1882–1916) sind voller Licht, Schwung und einem speziellen Charme.

9 Constant Permeke
Maler (1886–1952) der Sint-Martens-Latem-Schule *(siehe S. 15)*. Seine Bilder sind sozialkritisch und haben dunkle, raue Strukturen.

10 Panamarenko
Surrealistischer Tradition folgend, schafft der Künstler (geb. 1940) Maschinen und zeigt in Installationen ihr Nicht-Funktionieren.

Die besten Kunstsammlungen **siehe S. 34f**

Links **Musée de l'Hôtel Charlier** Rechts **Musée des Instruments de Musique**

Top 10 Museen

1 Musées Royaux d'Art et d'Histoire, Brüssel

Belgiens Sammlung historischer nationaler und internationaler Schätze befindet sich in diesem palastartigen Gebäude: eine eindrucksvolle Palette mittelalterlicher Kirchenkleinodien (Salle aux Trésors), des Weiteren Teppiche, Jugendstilskulpturen und -juwelen, antike Kleidungsstücke und archäologische Funde. Dies ist eines von drei Museen im Parc du Cinquantenaire *(siehe S. 77)*.

2 Musée des Instruments de Musique, Brüssel

Seit dem Umzug in ein Art-nouveau-Gebäude auf einem Hügel über der Stadt ist »Le MIM« eine Top-Sehenswürdigkeit Brüssels. Der Reiz der vielfältigen Ausstellungsstücke wird dadurch gesteigert, dass man über Kopfhörer den »echten« Klang der Instrumente hören kann *(siehe S. 16f)*.

Musée Royal de l'Armée et d'Histoire Militaire

3 Musée Horta, Brüssel

Dieses Museum macht die vielfältigen Möglichkeiten des Art nouveau sichtbar. Es war das Haus von Victor Horta, dem Begründer der Art-nouveau-Architektur *(siehe S. 18f)*.

4 Musée Charlier, Brüssel

Hier bietet sich die seltene Gelegenheit, das Innere eines *maison de maître* (Herrschaftshauses) zu sehen. Neben antiken Möbeln gibt es im Hôtel Charlier vieles, das an die Zeit erinnert, als sich hier die Avantgarde des 20. Jahrhunderts zu treffen pflegte *(siehe S. 68)*.

5 Gruuthusemuseum, Brügge

Seit über 100 Jahren wird in dem historischen Gebäude eine wachsende Sammlung von Gegenständen des täglichen Lebens von Brügges »Goldenem Zeitalter« bis in das 19. Jahrhundert ausgestellt *(siehe S. 86)*.

6 Museum voor Volkskunde, Brügge

Hier sehen Sie, in welchen oft armseligen Verhältnissen die einfachen Leute im Brügge des 19. und frühen 20. Jahrhunderts lebten. Die faszinierende Sammlung zeigt Haushaltsgegenstände und sogar einige vollständig eingerichtete Werkstätten. Sie verdeutlicht den ungeheuren Wandel, der sich in den letzten anderthalb Jahrhunderten vollzogen hat *(siehe S. 89)*.

Besondere Museen **siehe S. 40f**

Cinquantenaire

Brabant hisst die Nationalflagge – die symbolische Bronzequadriga krönt den Triumphbogen der Anlage des Palais du Cinquantenaire

Das Zeitalter der großen internationalen Messen begann mit der Weltausstellung von 1851 im Londoner Hyde Park. König Léopold II wollte 1880 mit einer ähnlichen Ausstellung den 50. Jahrestag (cinquantenaire) *der Gründung Belgiens feiern. Auf einem Sumpfgelände östlich des Stadtzentrums von Brüssel sollte Gédéon Bordiau zwei Ausstellungskomplexe, verbunden durch eine halbkreisförmige Kolonnade, errichten. Zwar wurde der Bau zum Jubiläum 1880 nicht fertig, man arbeitete jedoch weiter und nutzte das Gelände später für Messen und Ausstellungen. Der Triumphbogen mit der Quadriga wurde zum 75-jährigen Jubiläum Belgiens im Jahr 1905 fertiggestellt. Bordiaus Ausstellungshalle mit einem Tonnengewölbe beherbergt das Musée Royal de l'Armée et d'Histoire Militaire. Das südliche Gegenstück wurde 1946 durch einen Brand zerstört; der Ersatzbau ist Teil der Musées Royaux d'Art et d'Histoire. Im Park und im Palais du Cinquantenaire befinden sich auch die Autoworld* (siehe S. 77), *das Atelier de Moulages* (siehe S. 41) *und der Pavillon Horta* (siehe S. 77).

7 Design Museum Gent, Gent

Wer Interesse an antiken Möbeln und der Geschichte der Innenausstattung hat, wird von diesem Museum entzückt sein. Es zeigt den Stilwandel von der häuslichen Eleganz des 17. Jahrhunderts bis zur Ungezwungenheit der Postmoderne *(siehe S. 96)*.

8 Het Huis van Alijn, Gent

Das Volkskundemuseum, das in den von der Familie Alijn im 14. Jahrhundert gestifteten Armenhäusern untergebracht ist, besitzt einen riesigen Fundus an Gebrauchsgegenständen, wie sie einfache Leute in Flandern besaßen *(siehe S. 96f)*.

Design Museum Gent

9 Museum Plantin-Moretus, Antwerpen

Ein Jahrhundert nach Gutenbergs Erfindung des Buchdrucks mit beweglichen Lettern war diese Druckerei im 16. Jahrhundert führend in Europa geworden. Zwischen Druckerpresse, Setzkästen und Druckplatten erlebt man hier die spannende Atmosphäre, in der der Buchdruck die Verbreitung von Ideen und Wissen in Aussicht stellte *(siehe S. 104)*.

10 Museum Mayer van den Bergh, Antwerpen

Hier finden sich zahlreiche Gemälde, *objets d'art* und Antiquitäten, zusammengetragen von Fritz Mayer van den Bergh *(siehe S. 105)*.

Zu Groeninge- & Memlingmuseum in Brügge **siehe S. 24f**

Links **Musée Royal de l'Afrique Centrale** Rechts **Musée de Tram Bruxellois**

TOP 10 Besondere Museen

1 Centre Belge de la Bande Dessinée, Brüssel

Das Comic-Zentrum gibt durchaus zu, dass die Comics nicht in Belgien erfunden wurden – doch sie sind hier so beliebt wie nirgendwo sonst. Belgien hat große Autoren und Zeichner hervorgebracht, etwa Hergé, den Schöpfer von Tintin. Das Zentrum befindet sich in einem Art-nouveau-Haus von Horta *(siehe S. 20f)*.

2 Musée du Jouet, Brüssel

Teddybären, Puppen, Mini-Bauernhöfe, Schaukelpferde – das Spielzeugmuseum zeigt, was Kinderherzen seit über 150 Jahren glücklich macht *(siehe S. 70)*.

3 Musée Wiertz, Brüssel

Das Atelier von Antoine Wiertz (19. Jh.) offenbart die (Selbst-)Täuschungen des Malers. Als er in Paris auf Ablehnung gestoßen war, glaubte er, dass Brüssel Paris als »Hauptstadt« Europas ablösen würde. Heute ist das Europäische Parlament in der Tat gleich um die Ecke *(siehe S. 79)*.

4 Musée des Égouts, Brüssel

Brüssels »Abwassermuseum« zeigt die kommunalen Bauleistungen seit Ende des 19. Jahrhunderts, die das Leben gesünder machten. Ein kleines Stück des riesigen Kanalnetzes kann man bei Führungen besichtigen.

Pavillon de l'Octroi • Karte A3 • (02) 500 70 31 • Mi 9, 11, 13 & 15 Uhr • Eintr.

5 Musée du Tram Bruxellois, Brüssel

Dutzende alter und neuer Trams säumen die ausgestorbenen Plattformen eines alten Straßenbahndepots – es ist, als wandere man durch ein surrealistisches Bild von Delvaux *(siehe S. 78)*.

6 ModeMuseum (MoMu), Antwerpen

»Du bist, was Du trägst« – das ist die Philosophie dieses neuen Museums in Antwerpens Modeviertel. Die wunderbare Sammlung veranschaulicht in Theorie und Praxis die wechselvolle Geschichte des Modehandwerks, beginnend mit der Spitzenstickerei des 16. Jahrhunderts bis zu den durchaus provokativen Austellungsstücken der modernen belgischen Designer.

Nationalestraat 28 • Karte T2 • (03) 470 27 70 • www.momu.be • Di–So 10–18 Uhr (1. Do im Monat 10–21 Uhr) • Eintritt

Übereilte Bestattung, Antoine Wiertz

Mittels der »Peinture mate« malte Antoine Wiertz auf Leinwand als Untergrund, um die matte Wirkung von Fresken zu erzielen.

7 Béguinage d'Anderlecht, Brüssel

Viele fromme Stätten, an denen alleinstehende Frauen wirkten *(siehe S. 86)*, sind erhalten. Das Museum des Beginenhofs zeigt, wie sie lebten *(siehe S. 80)*.

Béguinage d'Anderlecht

8 Musée Royal de l'Afrique Centrale (MRAC), Brüssel

Dieses Museum zeigt Belgiens Historie als Kolonialmacht im Kongo in ganzer Spannweite. Diese Sammlung fasziniert in ethnographischer, historischer und soziologischer Hinsicht *(siehe S. 78)*.

9 Arentshuis (Brangwyn-museum), Brügge

Im Obergeschoss des Arentshuis (18. Jh.) ist eine große Sammlung von Gemälden und Drucken des in Brügge geborenen, britischen Künstlers Frank Brangwyn (1867–1956) ausgestellt. Der Besuch lohnt, denn Brangwyn hatte ein gutes Auge und war ein vorzüglicher Zeichner *(siehe S. 87)*.

10 Bijlokemuseum, Gent

Das Bijlokemuseum liegt in einem alten Kloster und beherbergt eine eigenwillige Sammlung historischer Objekte. Bei jedem Schritt darf man auf eine Überraschung gefasst sein *(siehe S. 96)*.

Top 10 Ausgefallene Sammlungen

1 Musée Boyadjian du Coeur
Die Chirurgen-Sammlung zeigt Herz-Kunstwerke. *1, 2, 3: Musées Royaux d'Art et d'Histoire, Brüssel (siehe S. 77).*

2 La Salle aux Trésors
Sagenhafte Schätze des Mittelalters – toll beleuchtet.

3 La Salle Wolfers
Wertvolle Sammlung von Art-nouveau-Kunstobjekten.

4 Atelier de Moulages
Gips-Kopien klassischer Skulpturen. *Parc du Cinquantenaire, Brüssel (siehe S. 77).*

5 Die Manneken-Pis-Kleiderkammer
650 Kleidungsstücke, kreiert für die Statue. *Maison du Roi, Brüssel (siehe S. 8).*

6 Dinosaurier
Die berühmten Iguanodonten von Bernissart. *Musée des Sciences Naturelles, Brüssel (siehe S. 80).*

7 Von der Inquisition zensierte Bücher
»Ketzerische« Bücher mit rücksichtslos geschwärzten Stellen. *Maison d'Erasme, Brüssel (siehe S. 80).*

8 Votivgaben
Nachbildungen von Tieren oder Körperteilen, die himmlische Hilfe erwirkten. *Béguinage d'Anderlecht (siehe S. 80).*

9 Historischer Müll
Erstaunlich, wie archäologisch wertvoll Müll ist! *Archeologisch Museum, Brügge; Mariastraat 36a • Karte K5 • Di–So 9.30–12.30 & 13.30–17 Uhr • Eintritt*

10 Erkennungsschildchen ausgesetzter Babys
Tragische Andenken an Mütter und Kinder. *Maagdenhuis, Antwerpen (siehe S. 106).*

Museen, die vor allem Kindern Spaß machen **siehe S. 53**

Links **Onze-Lieve-Vrouwekathedraal, Antwerpen** Rechts **Église Notre-Dame du Sablon, Brüssel**

Top 10 Kirchen

1 Cathédrale des Saints Michel et Gudule, Brüssel

Die Kathedrale von Brüssel, ein Kalksteinbau im Stil der Brabanter Gotik, ist Belgiens Nationalkirche. Hier finden königliche Hochzeiten statt *(siehe S. 68)*.

2 Église Saint-Jacques-sur-Coudenberg, Brüssel

Die Kirche an der Place Royale ist unverwechselbar. Der Glockenturm steht abseits vom Hauptbau, der mehr wie ein römischer Tempel wirkt als wie eine christliche Kirche *(siehe S. 68)*.

3 Église Notre-Dame du Sablon, Brüssel

Die Kirche der Armbrustschützen-Gilde (15. Jh.) ist ein schönes Beispiel der Brabanter Gotik. Sie wird von großen Buntglasfenstern erhellt *(siehe S. 69)*.

Église Saint-Jean-Baptiste au Béguinage

4 Église Saint-Jean-Baptiste au Béguinage, Brüssel

Die Fassade im üppigen Stil des flämischen Barocks entspricht kaum der Geschichte der Kirche als Mittelpunkt einer Beginen-Gemeinschaft. Im Inneren kann man den Geist der Nächstenliebe und Mäßigung beinahe spüren *(siehe S. 69)*.

5 Onze-Lieve-Vrouwekerk, Brügge

Sie ist Brügges eindrucksvollste Kirche. Der schlanke Turm ist im strengen Stil der Schelde-Gotik gestaltet. Das Innere wurde seit dem 13. Jahrhundert immer wieder ergänzt. Ein wahrer Schatz: Michelangelos *Madonna mit Kind*, 1514 von einem reichen Kaufmann gestiftet *(siehe S. 86)*.

6 Sint-Salvatorskathedraal, Brügge

Das erhabene, düstere Äußere der großteils gotischen Kirche entspricht ihrem Rang als Brügges Kathedrale. Die Ursprünge der Kirche liegen in frühchristlicher Zeit. Der Turm wurde im späten 19. Jahrhundert in mittelalterlichem Stil gebaut *(siehe S. 88)*.

7 Sint-Baafskathedraal, Gent

Das emporstrebende gotische Schiff und der barocke Chor der Kathedrale von Gent *(siehe S. 95)* sind imposant. Ihr Kunstschatz ist einmalig: Die *Anbetung des Lamms* der Brüder Jan und Hubert van Eyck *(siehe S. 26f)*.

In den meisten Kirchen wird nur für das Museum (falls vorhanden) oder für Sonderausstellungen Eintritt verlangt.

Sint-Niklaaskerk

8 Sint-Niklaaskerk, Gent

Das Innere der schönsten Kirche von Gent wurde im Rahmen einer Restaurierung gründlich gereinigt. Es wirkt jetzt licht und freundlich, das gotische Mauerwerk kommt voll zur Geltung *(siehe S. 95)*.

9 Onze-Lieve-Vrouwekathedraal, Antwerpen

Nur einer der beiden Türme der Kathedrale von Antwerpen wurde vollendet. Die Kirche selbst trägt die Spuren eines jahrhundertelangen Kampfes um die Fertigstellung. Der riesige Innenraum lässt erahnen, welch gewaltige Dimensionen ihre Bauherren anstrebten. Dies ist der würdige Rahmen für zwei einzigartige Triptychen von Rubens und einige hinreißende Gemälde aus dem 19. Jahrhundert *(siehe S. 28f)*.

10 Sint-Jacobskerk, Antwerpen

Das reich geschmückte Innere der Kirche zeigt, dass sie in ihrer besten Zeit (17. Jh.) von den wohlhabenden Bürgern Antwerpens besucht wurde – so auch von Rubens, der hier in der Familiengruft beim Hochaltar beigesetzt ist *(siehe S. 104f)*.

Top 10 Architekturstile

1 Romanik
Rundbogen und stämmige Säulen (10.–12. Jh.).

2 Gotik
Spitzbogen erlauben lichte, emporstrebende Konstruktionen (13.–16. Jh.).

3 Schelde-Gotik
Frühe, formstrenge Variante der Gotik im Norden Belgiens im Gebiet um die Schelde (13./14. Jh.).

4 Brabanter Gotik & Flamboyantstil
Zierliche Formgebung, z. B. bei Rathäusern wie dem Stadhuis in Brügge (14./15. Jh.).

5 Renaissance
Eleganter Baustil, beeinflusst von den Vorbildern griechischer und römischer Architektur (15.–17. Jh.).

6 Barock
Üppiger, prunkvoll überladener Stil, dynamisch bewegt bis schwülstig (17./18. Jh.).

7 Klassizismus
Bewusster Rückgriff auf klassische griechische und römische Muster, etwa Tempelformen (18./19. Jh.).

8 Neugotik
Historisierende Wiederaufnahme gotischer Stilelemente (19. Jh.).

9 Art nouveau
»Jugendstil« des späten 19. und frühen 20. Jahrhunderts mit organischen, vegetabilen Ornamenten. Versuch eines neuen, nicht historisierenden Ansatzes, daher der Begriff »neue Kunst«.

10 Art déco
Ornamentaler Stil bei einfachen Formen. Der Name leitet sich von der Kunstgewerbeausstellung in Paris (1925) her (1920er und 1930er Jahre).

Zur Anbetung des Lamms *von Jan und Hubert van Eyck*
siehe S. 7, 26f, 95

Links **Musée Horta, Detail des Treppengeländers** Rechts **Musée des Instruments de Musique**

TOP 10 Art-nouveau-Gebäude in Brüssel

1 Musée Horta

Das Wohnhaus und Atelier des großen Meisters der Art-nouveau-Architektur, Victor Horta, ist ein Paradebeispiel konsequenter Gestaltung *(siehe S. 18f)*.

2 Hôtel Tassel

Es war wohl das erste Art-nouveau-Gebäude (1893–95), erbaut von Victor Horta. Bis dahin hatten die wohlhabenden Belgier ihre Villen in den sich ausbreitenden Vororten der Städte nach gängigen Stilrichtungen gestalten lassen: maurisch, mittelalterlich, toskanisch … Horta entwickelte dagegen etwas konsequent Eigenes. Das Hôtel Tassel war die Privatvilla eines unverheirateten Ingenieurs und wurde sorgfältig dessen individuellen Wünschen und den Bedürfnissen seines Lebensstils angepasst – was späteren Besitzern die Nutzung nicht gerade erleichterte. *Rue Paul-Émile Janson 6, 1050 BRU (Ixelles)*

3 Maison de Paul Cauchie

Hinter einer Fassade mit geometrischen Formen und traumhaft schönen Art-nouveau-Wandgemälden befand sich das Heim des Malers Paul Cauchie (1875–1952). *Rue des Francs 5, 1040 BRU (Etterbeek) • (02) 673 15 06 • 1. Wochenende im Monat 11–13 Uhr & 14–16 Uhr • Eintritt*

Hôtel Hannon

4 Hôtel Saint-Cyr

Art nouveau neigte zu Übertreibungen. Die allgegenwärtigen Schleifen und Rundungen sowie ein rundes Panoramafenster im obersten Stock dieses Hauses zeugen davon. Es entstand 1900 für den Maler Saint-Cyr. *Square Ambiorix 11, 1000 BRU (Brüssel)*

5 Hôtel Hannon

Art-nouveau-Stadthäuser wurden in Brüssel reihenweise abgerissen, nachdem der Jugendstil aus der Mode gekommen war. Das Hôtel Hannon (1902) ist umso wertvoller, da auch ein Teil der Innenausstattung erhalten ist – und weil die Öffentlichkeit Zutritt hat. *Ave de la Jonction 1, 1060 BRU (Saint-Gilles) • Karte G2 • (02) 538 42 20 • Mi–Fr 11–18 Uhr, Sa & So 13–18 Uhr • Eintritt*

6 Hôtel Ciamberlani

Der Künstler Albert Ciamberlani (1864–1956) schuf das riesige Wandgemälde im Säulengang der Cinquantenaire-Anlage *(siehe S. 39)*. Er beauftragte 1897 Paul Hankar (1859–1901), einen führenden Art-nouveau-Architekten, mit dem Bau von Haus und Atelier. Die dekorative Wirkung der Fassade entstand durch die Verwendung von Eisen, Stein und Ziegeln. *Rue Defacqz 48, 1050 BRU (Ixelles)*

Hôtel Tassel, Hôtel Saint-Cyr und Hôtel Ciamberlani sind Privathäuser und für die Öffentlichkeit nicht zugänglich.

7 Musée des Instruments de Musique

Art nouveau wurde nach dem berühmten Londoner Kaufhaus auch »Liberty-Stil« genannt. Das Kaufhaus »Old England« in Brüssel spiegelt diesen Modetrend wider. Heute ist hier das MIM untergebracht *(siehe S. 16f)*.

8 Centre Belge de la Bande Dessinée

Victor Horta entwarf 1903 die Magasins Wauquez, ein Kaufhaus. Das Gebäude wurde in den 1970er Jahren restauriert und beherbergt nun das berühmte Comic-Museum *(siehe S. 20f)*.

Centre Belge de la Bande Dessinée

9 Le Falstaff

Das Café Falstaff, ein berühmtes Lokal im Zentrum von Brüssel gegenüber der Börse, wurde 1903 eröffnet und vermittelt noch immer die Atmosphäre jener Zeit. Die Innenausstattung ist durch und durch Art nouveau: Möbel, Buntglasfenster, Spiegel und Leuchten *(siehe S. 72)*.

10 De Ultieme Hallucinatie

Der Name »Die äußerste Halluzination« beschreibt dieses Beispiel extravaganten Art-nouveau-Designs recht gut. Die Räumlichkeiten des Restaurants bieten Gästen die seltene Gelegenheit, in einem echten Art-nouveau-Ambiente vorzüglich zu speisen *(siehe S. 81)*.

Top 10 Architektur-Attraktionen

1 Jeruzalemkerk, Brügge
Byzantinisch beeinflusste Kirche (15. Jh.), inspiriert durch eine Pilgerfahrt in das Heilige Land *(siehe S. 89)*.

2 Palais de Justice, Brüssel
Joseph Poelaert wandte bei diesem dominanten Bau alle verfügbaren klassizistischen Stilmittel an *(siehe S. 70)*.

3 Pavillon Chinois, Tour Japonaise, Brüssel
Zwei fernöstliche Gebäude stehen etwas unpassend im Parc de Laeken *(siehe S. 77)*.

4 Serres Royales, Brüssel
Großartig: die Königlichen Gewächshäuser aus den 1870er Jahren *(siehe S. 80)*.

5 Cinquantenaire-Triumphbogen, Brüssel
Neolassizistischer Triumphbogen (45 m) mit Bronzequadriga *(siehe S. 39)*.

6 Hôtel Saint-Cyr, Brüssel
Das bizarrste Art-nouveau-Haus in Brüssel *(siehe S. 44)*.

7 Centraal Station, Antwerpen
Louis Delacenseries Bahnhof ist ein klassizistisches Stilgemisch *(siehe S. 106)*.

8 Palais Stoclet, Brüssel
Die von Josef Hofmann und Gustav Klimt gestaltete Villa erregte einst ungeheures Aufsehen *(siehe S. 80)*.

9 Atomium, Brüssel
Gigantisches Atommodell (Elementarzelle), Wahrzeichen der Brüsseler Weltausstellung von 1958 *(siehe S. 77)*.

10 Basilique Nationale du Sacré-Coeur, Brüssel
Die Kirche (20. Jh.) wirkt etwas unbeseelt *(siehe S. 80)*.

Auskünfte über spezielle Art-nouveau-Führungen durch Brüssel gibt es im Fremdenverkehrsbüro **siehe S. 112**

Links **Die Grafen Egmont und Hoorn, Place du Petit Sablon, Brüssel** Rechts **Revolution von 1830**

TOP 10 Historische Ereignisse

1 Ab 58 v. Chr.: Julius Cäsar

Zwar musste das römische Heer im Kampf gegen den mutigen Stamm der »Belgae« wiederholt Rückschläge hinnehmen, doch schließlich siegte Rom. Belgien war ca. 400 Jahre lang römische Provinz.

2 843: Reichsteilung

Im Vertrag zu Verdun wurde das Frankenreich, das unter Karl dem Großen seinen Höhepunkt erlebte, in ein West-, Mittel- und Ostreich geteilt. Lothar I. erhielt das mittlere Reich, aus dem Flandern und Wallonien hervorgingen.

3 1302: Goldsporenschlacht

Im Mittelalter litt Flandern unter der französischen Tyrannei, was zu einem Volksaufstand führte. In der Goldsporenschlacht bereiteten flämische Aufständische dem französischen Ritterheer eine schmähliche Niederlage.

Philipp der Gute von Rogier van der Weyden

4 1384: Das Haus Burgund

Als Ludwig, Herzog von Flandern, 1384 starb, erbte Philipp der Kühne (1342–1404), Herzog von Burgund, den Titel. Die mächtigen Herzöge von Burgund dehnten ihre Herrschaft über die ganzen Niederlande aus. Unter Philipp dem Guten (reg. 1419–1467) erlebte die Region ihre Blütezeit. Die Hauptstadt Brügge war Zentrum eines reichen Handelsimperiums.

5 1568: Religionsstreit

Karl V., Kaiser des Heiligen Römischen Reichs und König von Spanien, erbte 1515 die burgundischen Gebiete. Die protestantische Reformation leistete erbitterten Widerstand. 1568, zur Zeit Philipps II, wurden die Grafen Egmont und Hoorn auf der Grand Place hingerichtet, weil sie sich der Verfolgung von Protestanten widersetzt hatten. Nach dem Aufstand der Niederlande wurde das Gebiet in den protestantischen Norden (Niederlande) und den katholischen (spanischen) Süden (heutiges Belgien) geteilt.

6 1815: Schlacht von Waterloo

Als die Spanischen Niederlande 1714 an Österreich fielen, kam es zu einem Aufstand. 1795 annektierte Frankreich das Land. Napoleonische Willkür spaltete das Volk; die Belgier kämpften auf beiden Seiten, bis Napoléon 1815 bei Waterloo vernichtend geschlagen wurde *(siehe S. 62)*.

Die beste Darstellung der geschichtlichen Entwicklung Brüssels finden Sie in der Maison du Roi **siehe S. 8**

7 **1830: Belgische »Septemberrevolution«**
Der Wiener Kongress bildete 1815 aus Belgien und den Niederlanden ein gemeinsames Königreich – eine fatale Lösung. 1830 kochte die Volkswut in Brüssel über; die Unabhängigkeit wurde erklärt und die Niederländer vertrieben.

8 **1914–1918: 1. Weltkrieg**
Bei Ausbruch des Ersten Weltkriegs drangen deutsche Truppen in das neutrale Belgien ein. Die Belgier stoppten deren Vorrücken, indem sie weite Gebiete fluteten. Die Front kam bei Ieper *(siehe S. 63)* zum Stehen. 500 000 Menschen starben hier.

Die Front bei Ieper im Ersten Weltkrieg

9 **1940–1944: 2. Weltkrieg**
Die Geschichte wiederholte sich: Im Mai 1940 griff Deutschland das neutrale Belgien an, um die französische Maginotlinie zu umgehen und dann nach Frankreich einzurücken. Brüssel wurde im September 1944 von den Alliierten befreit.

10 **1957: Römische Verträge**
Als unschuldige Opfer zweier Weltkriege unterstützten die Belgier begeistert die Römischen Verträge, die den Grundstein zur Europäischen Union legten. Mittlerweile ist Brüssel die »Hauptstadt Europas« geworden.

Top 10 Historische Persönlichkeiten

1 **Balduin Eisenarm**
Balduin (gest. 878), erster Graf von Flandern, errichtete in Brügge eine Festung.

2 **Pieter de Coninck & Jan Breydel**
De Coninck, ein Weber, und Breydel, ein Metzger, führten 1302 den flämischen Aufstand gegen die Franzosen an.

3 **Philipp der Kühne**
Philipp der Kühne leitete die burgundische Epoche in den Niederlanden ein, als er die Herrschaft über Brüssel und Flandern geerbt hatte.

4 **Philipp der Gute**
Philipp der Gute (reg. 1419–1467) stiftete den Orden vom Goldenen Vlies und war ein Förderer der Künste.

5 **Karl V.**
Kaiser Karl V. (1500–1558), in Gent geboren, herrschte über das größte Reich in Europa seit dem Römischen Imperium.

6 **Isabella & Albert**
Der glanzvolle Hof der Infantin Isabella (1566–1633) und des Erzherzogs Albert (1559–1621) steht für eine ruhige Zeit der spanisch-katholischen Habsburger-Ära.

7 **Karl Alexander**
Der Statthalter (reg. 1744–1780) der Österreichischen Niederlande trug den Geist der Aufklärung nach Brüssel.

8 **Léopold I.**
Der erste König der Belgier regierte 1831–1865.

9 **Léopold II.**
Zweiter König Belgiens von 1865–1909 *(siehe S. 78)*.

10 **Paul-Henri Spaak**
Der Politiker (1899–1972) tat viel für die europäische Integration.

Goethes Egmont *verlagert den niederländischen Befreiungskampf des 16. Jahrhunderts vom Geschichtlichen ins Persönliche.*

Links **Hergé, der Vater von Tim und Struppi** Rechts **Johnny Hallyday im Konzert**

TOP 10 Berühmte Belgier

1 Gerard Mercator

Die meisten Landkarten in Schulatlanten beruhen noch heute auf der »Mercator-Projektion«: eine geniale Methode, die Erdrundung in einer Ebene darzustellen. Mercator (1512–1594), der Name latinisiert aus Kremer, schuf auch den ersten »Atlas«.

2 Georges Simenon

Simenon (1903–1989), der weltberühmte Schriftsteller französischer Sprache, stammt aus Lüttich. Seine bekannteste Figur, Kommissar Maigret, tritt in 75 seiner 400 Romane auf.

Königin Astrid

3 Königin Astrid

Prinz Léopold von Belgien heiratete 1926 die schöne Schwedenprinzessin Astrid. 1934, zur Zeit ihrer Krönung, hatten sie drei kleine Kinder. Im Folgejahr verunglückte Astrid bei einem Autounfall in der Schweiz tödlich. Sie wurde nur 29 Jahre alt.

4 Hergé

Georges Remi (1907–1983) stammte aus dem Brüsseler Vorort Etterbeek. Als Zeichner war er Autodidakt. 1929 veröffentlichte er die Geschichte *Tintin au Pays des Soviets* – damit war der berühmteste Comic-Held Belgiens geboren. Seither wurden weltweit 200 Millionen *Tintin*-Hefte (in rund 50 Sprachen) verkauft. Für sein Pseudonym drehte Georges Remi seine Initialen um und sprach sie französisch aus.

5 Jacques Brel

Jacques Brel (1929–1978) gilt als einer der größten französischsprachigen Chansonsänger, -texter und -komponisten – und er kam aus Belgien. Die Jacques-Brel-Stiftung in Brüssel widmet sich seinem Leben und Werk.

Vieille Halle aux Blés 11 • Karte C3 • (02) 511 10 20 • www.jacquesbrel.be • Di–Sa 11–18 Uhr; Einlass bis 17 Uhr (Do bis 20 Uhr); Mo & Feiertage geschl. • Eintritt

6 Johnny Hallyday

Obwohl Johnny Hallyday (geb. 1943) als »Pate des französischen Rock 'n' Roll« gilt, erhebt Belgien Anspruch auf ihn, denn sein Vater war Belgier. Während seiner langen künstlerischen Laufbahn verkaufte er über 100 Millionen Platten. In seiner zweiten Karriere als Filmschauspieler beeindruckte er die Kritiker mit seiner ambitionierten Darstellung der Titelfigur in *L'Homme du Train* (*Der Mann im Zug*, 2003).

Mehr über Hergé & Tintin (Tim und Struppi) **siehe S. 20f**

Jacques Brel – die Stimme des Chansons

7 Eddie Merckx
Radfahren spielt in Belgien eine große Rolle, und kein Name genießt höheres Ansehen als der von Eddie Merckx (geb. 1945), dem fünffachen Sieger der Tour de France (1969–1972 und 1974).

8 Jean-Claude van Damme
Erst war Jean-Claude van Damme (geb. 1960) Karatekämpfer, dann Gelegenheitsarbeiter in Kalifornien. Schließlich wurde er mit Actionthrillern wie *Cyborg, Karate Tiger* (1989) und *Universal Soldier* (1992) bekannt.

9 Justine Henin
Gemeinsam mit Kim Clijsters *(siehe unten)* hat Justine Henin belgisches Tennis zu großem Ansehen gebracht. 2003 errang sie ihren ersten Grand-Slam-Sieg bei den French Open, im selben Jahr gewann sie die US Open. 2007 gewann sie zum zweiten Mal die US Open und damit bereits ihren siebten Grand-Slam-Titel.

10 Kim Clijsters
Kim Clijsters' Vater schuf schon früh die Grundlagen für die Erfolge seiner Tochter. 2003 war Clijsters die erste Belgierin, die es zur Nummer eins der Weltrangliste brachte.

Top 10 Belgische Persönlichkeiten

1 Andreas Vesalius
Vesalius (1514–1564), der »Vater der modernen Anatomie«, war Leibarzt von Karl V. und Philipp II. von Spanien.

2 Adolphe Sax
Sax (1814–1894), der Erfinder des Saxophons, entwickelte eine ganze Reihe neuartiger Musikinstrumente.

3 Vater Damien
Damien (1840–1889) widmete sein Leben den Leprakranken auf Hawaii. Er soll heilig gesprochen werden.

4 Victor Horta
Der Art-nouveau-Architekt führte den Jugendstil zur Vollendung *(siehe S. 18f)*.

5 Léo-Hendrik Baekeland
Der Chemiker (1863–1944) erfand das Bakelit, den ersten synthetischen Kunststoff.

6 Henri van de Velde
Der führende Jugendstil-Designer (1863–1957) schuf die Grundlagen für die Bauhaus-Bewegung.

7 Adrien de Gerlache
Der Polarforscher (1866–1934) leitete 1897–1899 die erste Expedition, die in der Antarktis überwinterte.

8 Jacky Ickx
Einer der großen Formel-1-Rennfahrer der 1960er und 1970er Jahre (geb. 1945).

9 Anne Teresa De Keersmaeker
Eine Maßstäbe setzende Choreografin (geb. 1960) des modernen Tanztheaters.

10 Dries van Noten
Der Modeschöpfer (geb. 1958) hat dazu beigetragen, dass Antwerpen heute eine führende Rolle in der *Haute Couture* spielt.

George Simenons Romane wurden häufig verfilmt. Berühmte Maigret-Darsteller waren Jean Gabin und Heinz Rühmann.

Links **Ommegang, Brüssel** Rechts **Heilig Bloedprocessie, Brügge**

Top 10 Feste & Veranstaltungen

1 Ommegang, Brüssel

Bei diesem Umzug machen etwa 2000 Teilnehmer – als Adelige der Renaissance, als Zunftangehörige, Soldaten zu Pferd und Spaßmacher verkleidet – einen *ommegang* (Rundgang) auf der Grand Place: eine Tradition seit 1549. *1. Di & Do im Juli*

Der Maibaum wird gepflanzt, Brüssel

2 Plantation du Meiboom, Brüssel

Ein lustiges Stück alten Volksbrauchtums seit 1213. Angeführt von der Confrérie des Compagnons de Saint-Laurent und in verrückte Kostüme gekleidet, tragen die Teilnehmer in Begleitung von sieben traditionellen Riesenfiguren einen »Maibaum« durch Brüssel und pflanzen ihn an der Ecke Rue du Marais und Rue des Sables ein. *9. Aug (ab 14 Uhr)*

3 Foire du Midi, Brüssel

Der große, ausgelassene Spätsommer-Jahrmarkt entlang dem Boulevard du Midi bietet neueste Attraktionen sowie Autoskooter, Achterbahnen etc. *Mitte Juli–Mitte Aug*

4 Heilig Bloedprocessie, Brügge

Brügges größtes öffentliches Fest, die Heilig-Blut-Prozession, folgt einer 800 Jahre alten Tradition. 40 Tage nach Ostern wird die Reliquie des Heiligen Blutes in einer farbenprächtigen, sehr feierlichen Prozession mit üppigen mittelalterlichen und biblischen Kostümen durch die Straßen getragen. *Christi Himmelfahrt (Mai)*

5 Praalstoet van de Gouden Boom, Brügge

Der Festumzug vom Goldenen Baum findet seit 1958 etwa alle fünf Jahre in Brügge statt. Die Bürger tragen historische Kostüme und ziehen in einer großen Prozession durch die Stadt, um an den Glanz der Burgunder-Ära zu erinnern. *Ende Aug (2012)*

6 Reiefeest, Brügge

Brügge liegt an der Reye. Das alle drei Jahre stattfindende Fest feiert die Rolle des Flusses in der Stadtgeschichte. Am Ufer werden historische Szenen aufgeführt, die Architektur der Stadt wird zauberhaft lebendig. *letzte 10 Tage im Aug (2008 & 2011)*

7 Gentse Floraliën, Gent

Die große Blumenschau im Flandern-Expo-Messezentrum südwestlich der Stadtmitte findet alle fünf Jahre statt. Die Großgärtnereien von Gent sind für ihre Begonien, Azaleen, Rhododendren und Rosen berühmt. *Ende Apr (2010)*

Bitte beachten Sie: Der »Maibaum« wird in Brüssel im August gepflanzt!

8 **Festival van Vlaanderen** In ganz Flandern wird jeden Sommer und Herbst ein eindrucksvolles Programm mit klassischer Musik, Jazz, Weltmusik und Tanz dargeboten. Veranstaltungsorte sind Konzertsäle und Theater sowie Kirchen und historische Gebäude. *www.festival-vanvlaanderen.be • Juni–Okt*

9 **Toussaint, ganz Belgien** Auf Allerheiligen folgt Allerseelen: Zum Gedenken an ihre Verstorbenen richten die Belgier die Gräber schön her und schmücken sie mit Blumen: 50 Millionen sollen es alljährlich sein, vor allem Chrysanthemen, die in sanften Herbstfarben leuchten. *1. & 2. Nov*

10 **Fête de Saint-Nicolas, ganz Belgien**
Der Nikolaus-Tag (flämisch »Sinterklaas«) ist für die Kinder ein fast noch aufregenderes Ereignis als Weihnachten. Sankt Nikolaus im Ornat des Bischofs von Myra zieht mit seinem geschwärzten Kumpan Zwarte Piet durch die Straßen. Die Kinder erhalten Geschenke und Süßigkeiten wie z. B. *speculoos* (Spekulatius). *6. Dez*

Ein belgischer Nikolaus beschenkt Kinder

Top 10 Sportveranstaltungen

1 **Ronde van Vlaanderen** Klassischer Termin im Radsportkalender. *1. So im Apr*

2 **Liège-Bastogne-Liège** Älteste Weltcup-Radsportveranstaltung. *3. So im Apr*

3 **Zesdaagse van Gent** Eines der wichtigsten europäischen Radrennen. *'t Kuipke, Citadelpark, Gent • Karte P6 • Ende Nov*

4 **Ivo van Damme Memorial Meeting**
Die wichtigste Leichtathletikveranstaltung in Belgien. *Stade Roi Baudouin, Brüssel • Karte F1 • Ende Aug*

5 **20-Kilometer-Rennen** Der Mini-Marathon von Brüssel. *letzter So im Mai*

6 **Proximus Diamond Games**
Anspruchsvolles internationales Damen-Tennisturnier. *Sportpaleis, Antwerpen • Feb*

7 **Belgien-Derby, Ostende** Highlight für Pferdefreunde. *Wellington Renbaan • Sa Mitte Juni*

8 **Stade Roi Baudouin** Leichtathletik, Radsport, internationale Fußballbegegnungen. *Ave du Marathon 135, 1020 BRU (Laeken) • Karte F1 • (02) 479 36 54*

9 **Stade Constant Vanden Stock, Brüssel**
Heimstadion des RSC Anderlecht. *Avenue Théo Verbeeck, 1070 BRU (Anderlecht) • Karte F2 • (02) 522 15 39 • www.rsca.be*

10 **Jan-Breydel-Stadion (Olympiapark), Brügge**
Gemeinsames Stadion des Club Brugge und des Cercle Brugge. *Leopold II-laan, 8200 Brugge (Sint-Andries) • (050) 40 21 21 • www.clubbrugge.be*

Auskünfte über regionale Feste geben die Fremdenverkehrsbüros in Brüssel, Brügge, Gent und Antwerpen **siehe S. 112**

Links **Bootsfahrt auf einem Kanal** Rechts **Musée du Jouet (Spielzeugmuseum)**

TOP 10 Attraktionen für Kinder

1 Bruparck, Brüssel
In der Nähe des Atomiums *(siehe S. 77)* gibt es einen Vergnügungspark für die ganze Familie mit einem Multiplex-Kino, Swimmingpools, Bars und Restaurants sowie den Modellen von Mini-Europa *(siehe S. 80)*.

Mini-Europa vor dem Atomium

2 Centre Belge de la Bande Dessinée, Brüssel
Größere Kinder werden von diesem Comic-Museum fasziniert sein – kleinere Kinder weniger, vor allem wenn sie weder Französisch noch Niederländisch verstehen *(siehe S. 20f)*.

3 Historische Tramfahrt, Brüssel
Das macht Kindern Spaß! Eine altmodische Tram zuckelt ächzend und quietschend vom Musée du Tram Bruxellois bis zum Musée Royal de l'Afrique Centrale *(siehe S. 78)* – und wieder zurück.

4 Musée du Jouet, Brüssel
Spielzeugmuseen können Kinder extrem langweilen, doch in diesem hier geht es lebendig zu. Viele der Ausstellungsstücke kann man anfassen *(siehe S. 70)*.

5 Manneken-Pis-Kleiderkammer, Brüssel
Vielleicht haben Sie ja Glück und treffen das Manneken Pis *(siehe S. 10)* einmal bekleidet an. Einen Teil seiner Garderobe kann man im Maison du Roi *(siehe S. 8)* besichtigen. Dort sind ca. 100 der 650 Kleider ausgestellt, die für die Figur kreiert wurden.

6 Walibi Belgium
Belgiens führender Vergnügungspark bietet alles: rasante Achterbahnen, Loopings und nasse Wildwasserfahrten, aber auch sanftere Autoskooter und Karussells für die Kleinen. Und es gibt Aqualibi, einen Schwimmbadkomplex mit Pools und Rutschen. *Wavre • Walibi Belgium: (010) 42 15 00 Aqualibi: (010) 42 15 15 • Apr–Mitte Juli: tägl. 10–18 Uhr, Mitte Juli–Aug: tägl. 10–20 Uhr, Sep–Okt: Sa & So 10–18 Uhr • www.walibi.be • Eintritt*

7 Bootsfahrten auf Kanälen, Brügge & Gent
Wenn man mit einem Boot auf einem Kanal fährt, erscheinen die Wahrzeichen von Brügge und Gent in neuem Licht. Boote legen von verschiedenen Stellen im Zentrum von Brügge *(siehe S. 84)* und vom Graslei und Korenlei in Gent ab *(siehe S. 95)*.

Mit Kindern essen gehen **siehe S. 119**

8 Belfort, Brügge

Ein Erlebnis wie in einem Mittelalter-Themenpark: eine Angst einflößende Wendeltreppe, unglaubliche Ausblicke von oben und ein Höllenlärm, wenn die Glocken läuten. Manchmal muss man am Eingang Schlange stehen *(siehe S. 85)*.

9 Boudewijn Seapark, Brügge

Der Vergnügungspark von Brügge liegt in einem Vorort südlich des Zentrums. Viele Attraktionen und Fahrgeschäfte haben mit dem Meer zu tun und sind für kleine Kinder gut geeignet. Im überdachten Delfinarium vollführen Delfine und Robben Kunststücke. *Alfons De Baeckestraat 12, 8200 Sint Michiels (Brügge) • (050) 38 38 38 • www.boudewijnseapark.be • Öffnungszeiten tel. erfragen • Eintritt (frei für Kinder mit einer Körpergröße von unter einem Meter)*

10 Antwerpener Zoo

Er gehört zu den ältesten zoologischen Gärten der Welt (1843). Besondere Attraktionen: Seelöwenschau, Elefantenbad, das neue Nilpferdbecken, Reptilien zum Anfassen. Der Zoo ist auch Forschungszentrum. *Koningin Astridplein 26 • Karte V2 • (03) 202 45 40 • www.zooantwerpen.be • tägl. 10–16.45 Uhr (bis 19 Uhr je nach Jahreszeit) • Eintritt*

Pinguine im Antwerpener Zoo

Top 10 Museen für Kinder

1 Parc du Cinquantenaire, Brüssel
Die drei großen Museen in diesem Park bieten für jedes Alter etwas *(siehe S. 77)*.

2 MIM, Brüssel
Toll: Die Musik in den Kopfhörern wechselt während des Rundgangs *(siehe S. 16f)*.

3 Scientastic, Brüssel
Faszinierende Darstellung wissenschaftlicher Gesetze. *Metro-Station Bourse (Ebene 1) • Karte B3 • (02) 732 13 36*

4 Musée des Sciences Naturelles, Brüssel
Alles für künftige Naturwissenschaftler, Ökologen und Dino-Forscher *(siehe S. 80)*.

5 Musée des Égouts, Brüssel
Die Kanalsystem-Unterwelt ist zu besichtigen *(siehe S. 40)*.

6 Musée du Cacao et du Chocolat, Brüssel
Schokoladenherstellung sehen – und kosten! *Rue de la Tête d'Or 9–11 • Karte C3 • (02) 514 20 48*

7 Musée des Enfants, Brüssel
Für Vier- bis Zwölfjährige (beschränkte Besucherzahl). *Rue du Bourgmestre 15, 1050 BRU (Ixelles) • (02) 640 01 07*

8 Het Huis van Alijn, Gent
Bezauberndes volkskundliches Museum *(siehe S. 96f)*.

9 Het Gravensteen, Gent
Umfassend restaurierte mittelalterliche Burg mit Verlies. *Sint-Veerleplein • Karte P1 • (09) 225 93 06*

10 Nationaal Scheepvaartmuseum, Antwerpen
Schifffahrtsmuseum, begehbare echte Schiffe *(siehe S. 103)*.

Mehr zum Belfort von Brügge **www.trabel.com/brugge/bruges-belfry.htm**

Links **Auswahl belgischer Biersorten** Rechts **Belgische Schokolade**

TOP 10 Shopping

1 Schokolade

Belgische Schokolade ist weltberühmt. Die Hersteller verwenden hochwertige Kakaobohnen und geben reichlich Kakaobutter hinzu. Sie entwickelten auch das Verfahren zur industriellen Fertigung gefüllter Schokoladen oder Pralinen. Die vorzüglichen Schokoladenerzeugnisse sind allemal ihr Geld wert.

Spitzenklöpplerin bei der Arbeit

2 Spitze

Im 19. Jahrhundert gab es in Belgien Zehntausende von Spitzenklöpplerinnen. Viele lebten in Armut. Ihr Gewerbe starb durch die Erfindung der Klöppelmaschinen fast aus. Wenn Sie heute handgearbeitete belgische Spitze kaufen wollen, dann gehen Sie in ein Fachgeschäft. Achten Sie auf das Echtheitszertifiakt und rechnen Sie mit einem hohen Preis.

3 Bier

Um 1900 gab es mehr als 3200 Brauereien in Belgien – heute sind es gerade noch 100. Doch sie erzeugen eine erstaunliche Vielfalt an Biersorten *(siehe S. 58f)*. Die berühmtesten werden in den Trappisten-Klöstern hergestellt, doch auch die hellen Biere wie Stella Artois und Jupiler haben eine hohe Qualität.

4 Kekse & Feingebäck

Vor den verführerischen Schaufenstern belgischer Patisserien muss einem einfach das Wasser im Mund zusammenlaufen: Alles schmeckt so gut, wie es aussieht! Gleiches gilt für die berühmten »Biskuits« von Dandoy *(siehe S. 11)*.

5 Gobelins

Die Herstellung von Wandteppichen war im Mittelalter ein bedeutendes Gewerbe in Brüssel und Brügge. Handwerkliche Fertigung gibt es auch heute noch – große Stücke haben Luxuspreise.

6 Haute Couture

Belgien – vor allem Antwerpen – spielt seit zwei Jahrzehnten eine führende Rolle in der Modewelt: mit Designern wie Ann Demeulemeester, Dries van Noten, Raf Simons und Walter van Bierendonck; viele von ihnen haben eigene Läden in Antwerpen *(siehe S. 107)*. Es gibt auch etliche andere Designerläden, insbesondere in der Rue Antoine Dansaert in Brüssel *(siehe S. 71)*.

Shopping-Möglichkeiten **siehe S. 71, S. 90, S. 98, S. 107**

7 Kinderkleidung

Zahlreiche Läden in Belgien haben sich auf Kinderkleidung spezialisiert. Hier finden Sie wirklich alles – von strapazierfähigen Spielanzügen bis zu schön gearbeiteten Winterjacken, Mützen und lustigen Schuhen.

8 Diamanten

Drei Viertel der ungeschliffenen Rohdiamanten der Erde wandern durch die Diamantenbörse in Antwerpen; viele werden in dieser Stadt auch geschliffen, poliert und gefasst. Eventuell können Sie günstig einkaufen; bei Zweifeln an der Echtheit wenden Sie sich an den Hoge Raad voor Diamant (HRD), der ein zuverlässiges Zertifizierungssystem hat. *HRD: www.hrd.be*

9 Antiquitäten & Trödel

Belgien ist eine Fundgrube für Leute, die alte Comics oder Jugendstil-Türklinken, erlesene Louis-seize-Pulte oder Goldbronze-Uhren suchen. In Brüssel kann man zwischen der Place du Jeu de Balle und der Place du Grand Sablon alles Mögliche finden *(siehe S. 71)*.

10 Tintin-Artikel

Fans von *Tintin* können nicht nur die Comics kaufen, sondern auch T-Shirts, kleine Figürchen, Spiele, Postkarten, Handy-Schalen, Schlüsselringe, Schreibwaren, Tassen etc. Die Figuren sind urheberrechtlich geschützt – deshalb sind die Preise sehr hoch. *Tintin*-Läden gibt es in Brüssel, Brügge und Antwerpen.

Tintin-Figur

Top 10 Hersteller von Schokolade, Keksen & Feingebäck

1 Leonidas
Einer der beliebtesten *Chocolatiers* des Landes. Preisgünstiger als die Konkurrenten der Spitzenklasse. *www.leonidas.com*

2 Godiva
Hersteller von Edelschokolade, Filialen in aller Welt. *www.godiva.be*

3 Neuhaus
Hat die Praline und die Pralinenschachtel *(ballotin)* erfunden. *www.neuhaus.be*

4 Corné Toison d'Or
Feinste Schokolade in landesweiten Filialen, in Brüssel in den Galeries Royales Saint-Hubert *(siehe S. 10)*.

5 Wittamer
Schokolade, Kuchen, Gebäck – himmlisch *(siehe S. 72)*. *www.wittamer.com*

6 Pierre Marcolini
Sagenhafte Schokolade – nur aus frischen Zutaten hergestellt. *www.marcolini.be*

7 Mary
Schokolade von erlesener Qualität. *www.marychoc.com*

8 Galler
Massenproduktion von hoher Qualität. Die berühmten *Langues de Chat* (Katzenzungen) sind in ein Katzengesicht als Verpackung eingepasst.

9 Biscuiterie Dandoy
Gebäck der Spitzenklasse *(siehe S. 11)*.

10 Jules Destrooper
Fabrikmäßige Herstellung von feinstem Gebäck seit 1886. Die charakteristischen blau-weißen Schachteln enthalten Köstlichkeiten wie extradünne Mandelplätzchen. *www.destrooper.com*

Mehr über Tintin (Tim und Struppi) **siehe S. 21**

Links **Moules-marinières** Rechts **Waffeln – am besten mit guter Schokolade**

TOP 10 Kulinarische Spezialitäten

1 Frites (Pommes frites)

Belgische *frites (frietjes)* sind einfach die besten der Welt. Sie werden in hochwertigem Öl zweifach frittiert und sind dadurch goldbraun und *bien croustillantes* (knusprig). *Frites* gibt es als Beilage oder – mit einem Klacks Mayonnaise – als eigenständiges Gericht.

***Frites/frietjes* mit Mayonnaise**

2 Schalentiere

Meeresfrüchte spielen in der belgischen Küche eine große Rolle. Muscheln mit Pommes frites *(moules-frites)* sind ein Nationalgericht. Auch beliebt: Austern (roh), Jakobsmuscheln (gekocht). Mittags isst man sich häppchenweise durch ein *plateau de fruits de mer* (Meeresfrüchte-Platte).

3 Fisch

Die Fischereiflotten der Nordseehäfen landen täglich frischen Fang an: Seezunge, Kabeljau, Rochen, Barsch und Seehecht. Bestaunen Sie die Vielfalt auf dem Vismarkt (Fischmarkt) im Zentrum von Brügge! In Brüssel gibt es an der Place Sainte-Cathérine viele Fischrestaurants.

4 Steak

Steak-frites, also Steak mit Pommes frites, gibt es praktisch in jedem Lokal; es schmeckt meist ausgezeichnet. Die hohe Fleischqualität in Belgien sehen Sie beim Besuch einer Metzgerei. Die belgische Kundschaft ist sachkundig und anspruchsvoll.

5 Filet Américain

Die Belgier vertrauen ihrem Rindfleisch so sehr, dass sie es sogar roh essen – als *filet américain*. Ein *toast cannibale* ist die Snackvariante mit Tatar.

6 Wild

Die belgische Küche ist saisonal ausgerichtet. Der Winter ist die Zeit von Wildgerichten, etwa dem klassischen *faisan à la brabançonne* (Fasan mit karamellisiertem Chicorée). Auch Hase, Kaninchen, Wildschwein, Rotwild, Taube, Ente und Perlhuhn sind sehr beliebt. Das »Wild« wird heute allerdings häufig gezüchtet.

Chicons au gratin (gratinierter Chicorée)

Wenn Sie Urlaub nahe am Meer machen, sollten Sie die Gelegenheit nutzen: Nirgendwo schmeckt Fisch so gut wie hier.

7 Gerichte mit Bier

Viele klassische belgische Gerichte werden mit Bier zubereitet – vor allem der Rindfleischeintopf namens *carbonnades flamandes* oder *vlaamse stoverij*. In einigen Restaurants (etwa Den Dyver in Brügge, *siehe S. 92*) basiert die gesamte Speisekarte auf »Bier-Küche«.

8 Chicorée/belgische Endivie

Bei dem Versuch, *chicorée* (das französische Wort für Endivie) durch den Winter zu bringen, stellte ein Brüsseler Gärtner um 1840 fest, dass die Pflanzen saftige, salatartige Triebe hervorbrachten. Man kann sie roh essen. Gekocht bringen sie ihr süßliches, leicht bitteres Aroma besser zur Geltung – als Gemüsebeilage oder als eigenes Gericht wie *chicons au gratin. Chicon* ist das französische Wort, *witloof* das flämische; auf Deutsch spricht man von Chicorée, um die Verwechslung mit Endiviensalat zu vermeiden.

9 Pâtisseries

In jedem belgischen Ort gibt es mindestens eine Pâtisserie. Die hier angebotenen köstlichen Zubereitungen aus frischem Obst, Schokolade und Sahne, *crème pâtissière* und natürlich Gebäck sind im belgischen Leben unverzichtbar.

Profiterole

10 Waffeln

Waffeln *(gaufres/wafels)* haben in Belgien Tradition. Frisch zubereitet und mit Puderzucker bestreut, bekommt man sie überall: auf Jahrmärkten, an Stränden... In den Familien werden sie an Festtagen gebacken.

Top 10 Klassische belgische Gerichte

1 Carbonnades flamandes/ vlaamse stoverij
Mit belgischem Bier gekochter Rindfleischeintopf – nahrhaft, saftig und süßlich. Am besten schmeckt er mit *frites*, Senf und Mayonnaise.

2 Moules-marinières
Miesmuscheln – gedünstet in Weißweinsud mit Sellerie, Zwiebeln und Petersilie, bis sie sich öffnen. Serviert werden sie in einer großen Schüssel; dazu gibt es *frites*.

3 Waterzooi
Ein sahniges Hühner- oder Fischgericht in Brühe – typisch für Gent.

4 Chicons au gratin
Chicorée in Schinken gewickelt und mit Sahne-Käse-Sauce überbacken.

5 Anguilles au vert/ paling in 't groen
Gekochter Aal in einer Sauce aus frischen grünen Kräutern.

6 Garnaalkroketten
Frittierte Kartoffelkroketten, gefüllt mit frischen Krabben – eine köstliche Vorspeise (auch als Imbiss geeignet).

7 Salade Liégeoise
Warmer Kartoffelsalat mit grünen Bohnen oder *salade frisée* mit gerösteten Speckwürfeln.

8 Stoemp
Kartoffelpüree mit Gemüse (etwa Karotten oder Sellerie) oder mit Hackfleisch.

9 Flamiche aux poireaux
Lauchkuchen in der Art einer Quiche.

10 Jets d'houblon
Hopfensprossen (ein Nebenerzeugnis der Brauereien im Frühjahr) in Sahnesauce. Sie schmecken spargelähnlich.

Mehr über Belgiens herausragendes Bierangebot **siehe S. 58f**

Links **Flaschen von Brugs Witbier** Rechts **Speziellerer Bierladen in Brüssel**

Top 10 Belgische Biersorten

1 Trappisten-Bier

In der Vergangenheit wurden einige der besten belgischen Biersorten von den Trappisten, einem Schweigeorden der Zisterziensermönche, gebraut. Jetzt stellen fünf Brauereien in enger Verbindung mit Klöstern diese Biere her: Chimay, Westmalle, Orval, Rochefort und Westvleteren. Bei der Flaschenabfüllung wird Bierhefe für eine zweite Gärung zugesetzt. Schütteln Sie also beim Öffnen den Bodensatz nicht auf!

Chimay

2 Klosterbiere

Auch andere Klöster haben Bier gebraut, doch anders als die Trappisten vergaben sie Lizenzen an Großbrauereien. Leffe beispielsweise gehört jetzt zu InBev. Trotzdem sind viele Klosterbiere ausgezeichnet und haben ihren eigenen Charakter bewahrt, so etwa Ename, Floreffe und St. Feuillien.

3 Witbier/Bière Blanche

Die meisten Biere werden aus Gerste gebraut, doch bekanntlich kann man mit Weizen das »Weißbier« herstellen. In Belgien gibt es Geschmackszusätze wie Koriander oder Orangenschalen. Das leichte, prickelnde, erfrischende Bier ist oft naturtrüb mit Bodensatz, z. B. Hoegaarden, Brugs Tarwebier.

4 Lambic

Im Tal der Senne nahe Brüssel wird zur Gärung die natürliche Hefe *Brettanomyces* genutzt. Jahrhundertelang ließen die Brauer ihre warme Weizenbierwürze während des Winters draußen offen stehen, damit sich diese Hefepilze ansiedeln konnten. In Holzfässern reift das Bier bis zu fünf Jahre heran. So entsteht ein spezielles Bier mit leichtem Weingeschmack, *lambic* genannt. – das Brüsseler Bier schlechthin.

5 Gueuze

Lambic verschiedener Jahrgänge kann verschnitten und ein zweites Mal in der Flasche vergoren werden. Dieses Bier heißt dann *gueuze*. Es ist spritzig wie Champagner und wird ein bis zwei Jahre gelagert, damit der Weincharakter heranreift.

6 Kriek

Lambic kann während der Gärung mit Kirschen (früher mit Kirschen aus den Obstgärten von Schaerbeek im Norden Brüssels) aromatisiert werden. Dadurch entsteht ein Getränk, das *kriek* genannt wird. Mit Himbeeren versetzt, wird es als *framboise* bezeichnet; ist Kandiszucker zugesetzt, heißt es *faro*. Wer diese Biere noch nicht kennt, sollte mit *faro* beginnen, um sich dem außergewöhnlichen Aroma anzunähern.

Kriek

In allen großen Städten gibt es spezielle Bierbars, die Hunderte verschiedener Biersorten anbieten.

7 Double/Triple

Traditionell kennzeichneten die Brauereien ihre Biere nach der Stärke: Das einfache Bier hatte drei Prozent Alkohol, das doppelte sechs, das dreifache neun. Einige Klosterbrauereien haben noch immer *double (dubbel)* und *triple (tripel)* auf den Etiketten stehen. *Double* ist meist dunkel und süßlich, *triple* goldblond.

Brugse Tripel

8 Lagerbier

Lager oder *pils* ist ein untergäriges Bier; die Hefe bleibt am Boden. Stärkere Biere sind dagegen obergärig, wodurch mehr Aroma bewahrt wird. Obwohl ausländische Bierkenner über leichte Biere eher die Nase rümpfen, werden sie in Belgien mit hohem Qualitätsanspruch gebraut. Das allgegenwärtige Stella Artois von InBev wird in Leuven (Löwen) gebraut und ist ein gutes Lagerbier.

Duvel

9 Starkbier

Einige Brauereien werben mit der Stärke ihrer Produkte. Duvel (Teufel) mit 8,5 Prozent Alkohol ist ein berühmtes Beispiel. Belgiens stärkstes Bier kommt von Bush (12 %) und ist mit Vorsicht zu genießen.

10 Weihnachtsbier

Viele Brauereien bieten auch Weihnachtsbiere an. Oft sind es nur ihre üblichen Sorten mit besonders hübsch gestalteten Etiketten, doch es gibt auch extra starke Biere (ähnlich dem bayerischen Weihnachtsbock).

Top 10 Bier-Adressen

1 Musée Bruxellois de la Gueuze, Brüssel
Wohl das beste Biermuseum in Brüssel, in der alten Cantillon-Brauerei *(siehe S. 80)*.

2 À La Mort Subite, Brüssel
Berühmte Bar im Zentrum von Brüssel, nach der ein *gueuze* benannt ist *(siehe S. 72)*.

3 Chez Moeder Lambic, Brüssel
Zu Recht verehrtes Bier-Heiligtum in Saint-Gilles mit etwa 450 Biersorten *(siehe S. 81)*.

4 In 't Spinnekopke, Brüssel
Berühmtes altes *estaminet* (Kneipe); bietet viele mit Bier gekochte Gerichte auf der Speisekarte *(siehe S. 75)*.

5 Huisbrouwerij De Halve Maan, Brügge
Kleine Brauerei – von hier kommt der Straffe Hendrik (Starke Heinrich) *(siehe S. 88)*.

6 't Brugs Beertje, Brügge
Klassische Kneipe; hier gibt es an die 300 Biersorten, darunter einige »Gastbiere« vom Fass *(siehe S. 91)*.

7 Den Dyver, Brügge
Das Restaurant hat sich auf Bier-Küche spezialisiert und schenkt dazu feine Biere aus *(siehe S. 92)*.

8 In de Plantenmarkt, Brügge
Beliebte Kneipe. Viele Biersorten im Angebot *(siehe S. 91)*.

9 Dulle Griet, Gent
Bekannte Kneipe, die etwa 250 Biersorten im Angebot hat *(siehe S. 98)*.

10 Kulminator, Antwerpen
Hier gibt es ca. 500 Marken, u. a. das angeblich stärkste Bier weltweit *(siehe S. 109)*.

Spezielle Bierläden bieten das gesamte Bierangebot feil; viele der großen Marken sind jedoch auch in Supermärkten erhältlich.

Links **Le Botanique, Brüssel** Rechts **De Vlaamse Opera, Gent**

TOP 10 Theater, Tanz & Musik

1 Théâtre Royal de la Monnaie, Brüssel

Das angesehenste Theater des Landes, La Monnaie (De Munt), ist als Ausgangsort der Revolution von 1830 *(siehe S. 47)* berühmt – das von Aubers Revolutionsoper *Die Stumme von Portici* erregte Publikum stürmte auf die Straßen. Das Theater war 1819 im klassizistischen Stil umgebaut worden, das Innere wurde nach einem Brand 1855 neu gestaltet. La Monnaie hat ein renommiertes Opern- und Ballettensemble. *Place de la Monnaie • Karte C2 • (070) 23 39 39 • www.lamonnaie.be*

2 Palais des Beaux-Arts, Brüssel

Victor Hortas Palais des Beaux-Arts wurde 1928 vollendet. Als BOZAR wiedererstanden, erfüllt es die ursprüngliche Funktion eines Veranstaltungsorts für verschiedene Künste. *Rue Ravenstein 23 • Karte D4 • (02) 507 82 00 • www.bozar.be*

3 Le Botanique, Brüssel

Die Gewächshäuser des Brüsseler Botanischen Gartens wurden 1826 bis 1829 gebaut. Durch kluge Umwandlung der Räume ist jetzt ein Veranstaltungsort für Theater, Ballett und Konzerte aller Art entstanden. *Rue Royale 236, 1210 BRU (Saint-Josse-ten-Noode) • Karte D1 • (02) 218 37 32 • www.botanique.be*

4 Conservatoire Royal de Musique, Brüssel

Das Brüsseler Konservatorium genießt einen sehr guten Ruf. Die 1875 vom Architekten der Galeries Royales Saint-Hubert *(siehe S. 10)* entworfenen Gebäude umfassen auch einen Konzertsaal für klassische Musik. *Rue de la Régence 30 • Karte C5 • (02) 511 04 27*

5 Les Halles de Schaerbeek, Brüssel

Die prachtvolle alte Markthalle, eine Eisen-Glas-Konstruktion vom Ende des 19. Jahrhunderts, wurde in einen fantastischen Veranstaltungsraum für vielerlei Kulturereignisse umgewandelt – vornehmlich Tanz und Musik. *Rue Royale Sainte-Marie 22b, 1030 BRU (Schaerbeek) • Karte G2 • (02) 218 21 07 • www.halles.be*

6 Théâtre Royal de Toone, Brüssel

Das Marionettentheater in einem winzigen Gebäude am Ende einer mittelalterlichen Gasse ist eine Brüsseler Institution. Es ist aber kein Kindertheater im herkömmlichen Sinn: Die Puppen aus Holz und Pappmaschee treten in ernsten Stücken auf, und sie sprechen Bruxellois, den breiten Brüsseler Dialekt. *Petite Rue des Bouchers 21 (Impasse Schuddeveld 6) • Karte C3 • (02) 513 54 86 • www.toone.be*

Théâtre Royal de Toone

Veranstaltungshinweise erhalten Sie in den Fremdenverkehrsbüros der jeweiligen Städte **siehe S. 112**

7 Concertgebouw, Brügge

Im Rahmen der Feierlichkeiten als Kulturhauptstadt Europas 2002 wurde in Brügge eine neue Konzerthalle gebaut. Das hochmoderne Gebäude konnte sich schnell als eine der führenden Stätten für klassische Musik, Ballett und Jazz etablieren. *'t Zand 34 • Karte J5 • (070) 22 33 02 • www.concertgebouw.be*

8 De Vlaamse Opera, Gent

Als Genter Bühne der angesehenen Vlaamse Opera gehört das klassische Opernhaus zu den berühmtesten Theatern Europas. *Schouwburgstraat 3 • Karte Q3 • (09) 268 10 11 • www.vlaamseopera.be*

De Vlaamse Opera, Antwerpen

9 De Vlaamse Opera, Antwerpen

Antwerpens Opernhaus wurde 1907 fertiggestellt. Innen ist es elegant mit Marmor und Gold verziert. Die Vlaamse Opera spielt hier und in Gent *(siehe oben)*. *Van Ertbornstraat 8 • Karte U2 • (03) 202 10 11 • www.vlaamseopera.be*

10 deSingel, Antwerpen

Das vielseitige Kulturzentrum veranstaltet Theater- und Ballettaufführungen, Konzerte sowie Kunst- und Architekturausstellungen. *Desguinlei 25 • (03) 248 28 28 • www.desingel.be*

Top 10 Belgische Schriftsteller, Dichter & Musiker

1. **Roland de Lassus** Bekannt als Orlando di Lasso (um 1532–1594). Bedeutender Komponist der franko-flämischen Musik.
2. **César Franck** Organist und Komponist (1822–1890) der Romantik.
3. **Émile Verhaeren** Symbolistischer Dichter (1855–1916), bekannt für seine Porträts von Flandern.
4. **Maurice Maeterlinck** Nobelpreisträger. Symbolistischer Dichter und Dramatiker (1862–1949).
5. **Michel de Ghelderode** Belgiens erfolgreichster Dramatiker (1898–1962) des 20. Jahrhunderts und einer der eigenwilligsten französischsprachigen Autoren.
6. **Georges Simenon** Ungemein produktiver Meister des Krimis (1903–1989), Schöpfer von Kommissar Maigret *(siehe S. 48)*.
7. **Django Reinhardt** Der bekannte Jazz-Gitarrist (1910–1953) gehörte zum berühmten Quintett des Hot Club de France.
8. **Arthur Grumiaux** Einer der führenden Violinvirtuosen (1921–1986) des 20. Jahrhunderts.
9. **Hugo Claus** Belgiens bedeutendster Gegenwartsautor (geb. 1929 in Brügge) schreibt Lyrik, Dramen und Romane.
10. **Amélie Nothomb** Eine der erfolgreichsten belgischen Romanautorinnen (geb. 1967). Sie ergründet die dunkleren Seiten der menschlichen Natur.

Zu Jacques Brel, der belgischen Stimme des Chansons **siehe S. 48**

Links **Butte de Lion, Waterloo** Rechts **Forêt de Soignes – Landschaft mit alten Buchenwäldern**

TOP 10 Ausflüge

1 Waterloo
Auf den Feldern bei Waterloo, 15 Kilometer südlich von Brüssel, wurde Napoléon 1815 vernichtend geschlagen. Seither ist das Schlachtfeld ein Publikumsmagnet. Das Besucherzentrum nahe beim Hügel »Butte de Lion« ist ein guter Ausgangspunkt für die Besichtigung.
Route du Lion 252–54, 1420 Braine-l'Alleud • Apr–Sep: tägl. 9.30–18.30 Uhr, Okt–März: tägl. 10.30–17 Uhr • Eintritt

2 Walibi Belgium
Belgiens größter Themenpark – ein lohnender Tagesausflug für Kinder *(siehe S. 52)*.

3 Forêt de Soignes
Die herrlichen alten Buchenwälder von Soignes eignen sich für ausgedehnte Wanderungen und Radtouren, vor allem im Herbst, wenn sich das Laub färbt. Bei Groenendaal und Tervuren gibt es zwei Arboreten. Ein Informationszentrum finden Sie beim Kloster Abbaye de Rouge-Cloître (14. Jh.). *Drève du Rouge-Cloître 4 • (02) 660 64 17*

Namur mit seiner mächtigen Zitadelle

4 Namur
Die reizvolle Stadt am Zusammenfluss von Meuse und Sambre ist wegen ihrer mächtigen Zitadelle berühmt (Juni–Sep geöffnet), die sich eindrucksvoll auf einem steilen Felsen erhebt.
Information: Square Léopold • (081) 24 64 49 • www.pays-de-namur.be

5 Leuven (Löwen)
Die alte Universitätsstadt Leuven (frz. Louvain) bezaubert mit ihrer noch heute spürbaren humanistischen Tradition und den historischen Gebäuden – vor allem dem Stadhuis, einem Prachtstück gotischer Architektur.
Information: Grote Markt 9 • (016) 21 15 39 • www.leuven.be

6 Mechelen
Mechelen (Malines) war in der Burgunder-Ära eine stolze Handelsstadt und ein Machtzentrum unter Margarete von Österreich (1507–1530). Der Glockenturm der schönen gotischen Sint-Romboutskathedraal beherrscht das Stadtbild.
Information: Hallestraat 2–4 • (015) 29 76 55 • www.mechelen.be

7 Oostende (Ostende)
Oostende ist als Seebad und Hafenstadt bekannt – ebenso für die leckeren Meeresfrüchte. Die Kunstsammlungen im Provinciaal Museum voor Moderne Kunst und im Museum voor Schone Kunsten sind sehenswert.
Information: Monacoplein 2 • (059) 70 11 99 • www.toerisme-oostende.be

Waterloo, Walibi Belgium, Fôret de Soignes, Namur, Leuven, Mechelen und Lier sind leicht von Brüssel aus zu erreichen.

8 Lier

Die hübsche kleine Stadt südöstlich von Antwerpen besitzt einige historische Gebäude, die sich um den Grote Markt drängen. Am beeindruckendsten ist der Zimmertoren, ein Verteidigungsturm (14. Jh.) mit einer faszinierenden astronomischen Uhr. *Information: Grote Markt 57 • (03) 800 05 55 • www.lier.be*

9 Damme

Von der einst blühenden Stadt am Anfang des Kanals nach Brügge sind einige spätmittelalterliche Bauwerke übrig geblieben. Ein schönes Ausflugsziel per Bus oder Rad. *Information: Huyse de Grote Sterre, Jacob van Maerlantstraat • (050) 28 86 10 • www.vvvdamme.be*

10 Ieper (Ypern)

Ieper (frz. Ypres) war eine der großen mittelalterlichen Tuchhandelsstädte Flanderns. Ihr historisches Erbe wurde nahezu ausgelöscht, als sie im Ersten Weltkrieg zum Zentrum erbitterter Grabenkämpfe wurde. Heute besucht man hier die Schützengräben, die vielen Soldatenfriedhöfe in der Umgebung und das Menin-Gate-Denkmal, das an die unzähligen Soldaten erinnert, die auf dieser Straße entlangmarschierten und nie mehr zurückkehrten. Im Museum »In Flanders Fields« werden die Hintergründe und die Schrecken des Kriegs informativ dokumentiert und erschütternd dargestellt. *In Flanders Fields: Lakenhallen, Grote Markt 34 • (057) 23 92 20 • www.ieper.be & www.inflandersfields.be • Apr–18. Nov: tägl. 10–18 Uhr, 19. Nov–März: Di–So 10–17 Uhr, 3 Wochen im Jan geschl. • Eintritt*

In Flanders Fields – das Museum in Ieper

Astronomische Uhr, Lier

Oostende und Damme sind Abstecher von Brügge aus; Ieper kann man bequem von Brügge oder Gent aus erreichen.

STÄDTE IN FLANDERN

Links **Place du Petit Sablon** Rechts **Grand Place (Grote Markt)**

Zentrum von Brüssel

DIE STADTMITTE BRÜSSELS LIEGT INNERHALB *eines genau umrissenen Areals in Form eines Pentagons. Heute führt eine verkehrsreiche Ringstraße, die Petite Ceinture (Kleiner Gürtel), die Begrenzungslinie entlang. Früher verliefen hier die Stadtwälle, ein neun Kilometer langes Bauwerk aus dem 14. Jahrhundert. Nur wenige Mauerreste und ein Stadttor, die Porte de Hal, sind erhalten. Letzteres vermittelt einen guten Eindruck von der einstigen Stärke der Befestigungen. Das Stadtzentrum umfasst auch den größten Teil des historischen Brüssel: die vitale Unterstadt, in der Handel getrieben wurde, und die aristokratische Oberstadt mit dem Königspalast. Das Pentagon kann man innerhalb einer halben Stunde zu Fuß durchqueren. Alle Sehenswürdigkeiten, Denkmäler und Kulturschätze sowie die zahlreichen ausgezeichneten Hotels und Restaurants, guten Läden, lebendigen Cafés und Bars liegen hier beisammen.*

Tim (Tintin) und Struppi

Attraktionen

1. Grand Place
2. Musées Royaux des Beaux-Arts
3. Musée des Instruments de Musique
4. Centre Belge de la Bande Dessinée
5. Manneken Pis
6. Cathédrale des Saints Michel et Gudule
7. Musée Charlier
8. Église Saint-Jacques-sur-Coudenberg
9. Sablon
10. Église Saint-Jean-Baptiste au Béguinage

Vorhergehende Doppelseite **Brabo-Brunnen auf dem Grote Markt in Antwerpen**

1 Grand Place

Nach Brüssel kommen und die Grand Place nicht besuchen – unmöglich! Und sei es nur, um belgische Gebäck- und Schokoladenspezialitäten einzukaufen. Der Platz vereint das große Erbe der Stadt aus Gotik und Renaissance – zugleich ist er ein Zeugnis für die Tüchtigkeit und Kreativität der Handwerker und Kaufleute, die Brüssel zu Reichtum und Wohlstand verhalfen *(siehe S. 8–11)*.

Manneken Pis

2 Musées Royaux des Beaux-Arts

Die einzigartige Kunstsammlung ist ein Muss, vor allem weil sie sich auf flämische und belgische Künstler konzentriert. Höhepunkte sind die Gemälde von Pieter Brueghel d. Ä., die hervorragende Rubens-Abteilung und eine unvergleichliche Sammlung von Werken belgischer Symbolisten. Hinzu kommen klassische Gemälde der Surrealisten Magritte und Delvaux *(siehe S. 12–15)*.

3 Musée des Instruments de Musique

Die berühmte MIM-Sammlung historischer Musikinstrumente ist kürzlich in ein sehenswertes ehemaliges Art-nouveau-Kaufhaus umgezogen, das »Old England«. Nehmen Sie Ihre Kinder mit: Kopfhörer erwecken die ausgestellten Instrumente zum Leben und führen vor, wie sie klingen, wenn sie gespielt werden *(siehe S. 16f)*.

4 Centre Belge de la Bande Dessinée

Das Belgische Comic-Zentrum reflektiert die große Beliebtheit von Comics in Belgien, aber auch im übrigen Europa. Dieser »Tempel für Comics« zeigt Archivmaterial und verschiedene Exponate mit Bezug auf die belgischen Künstler des Genres – vor allem natürlich auf Hergé, den Schöpfer von *Tintin* *(siehe S. 20f)*.

5 Manneken Pis

In Brüssel ist er allgegenwärtig – der freche Knirps, der ganz unbekümmert vor sich hin pinkelt, wie es kleine Jungen tun. Sie finden die Figur überall – auf Postkarten, T-Shirts, Schlüsselanhängern und Korkenziehern. Aber suchen Sie doch lieber gleich das Original auf, die kleine Bronzestatue *(siehe S. 10)*. Vielleicht machen Sie ein Erinnerungsfoto?

Le Ruisseau von Léon Frédéric, Musées Royaux des Beaux-Arts

In Brüssel sind alle Straßen, Plätze etc. zweisprachig. Aus Platzmangel werden hier oft nur die französischen Namen genannt.

6 Cathédrale des Saints Michel et Gudule

Brüssels größte und schönste Kirche, deren Bauzeit ab 1225 drei Jahrhunderte betrug, wurde vor Kurzem renoviert. Der honigfarbene Stein der Zwillingstürme (15. Jh.) glänzt nun besonders eindrucksvoll in der Abendsonne. Die Kathedrale ist das schönste Beispiel der zierlichen Brabanter Gotik. Der emporstrebende Innenraum ist überwältigend. Hier sieht man herrliche Buntglasfenster aus dem 16. Jahrhundert und eine wundervolle Barockkanzel (1699). Die Kirche ist dem hl. Michael geweiht, dem Schutzpatron der Stadt, und Gudula, einer

Cathédrale des Saints Michel et Gudule

Heiligen des 8. Jahrhunderts, die den Teufel überlistete. *Parvis Sainte-Gudule • Karte D3 • (02) 217 83 45 • tägl. 8–20 Uhr (Sommer), 8–19 Uhr (Winter) • Eintritt für Museum (mit Kirchenschätzen) & Krypta*

7 Musée Charlier

Brüssel ist eine Stadt großer Stadt- oder Herrenhäuser aus dem 19. Jahrhundert, sogenannter *maisons de maître*. Dieses Museum bietet eine der seltenen Gelegenheiten, ein solches Haus von innen zu besichtigen. Der Ersteigentümer, Henri van Curtsem, beauftragte Victor Horta *(siehe S. 19)* mit der Innenausstattung. Van Curtsems Erbe, der Bildhauer Guillaume Charlier, machte das Haus zum Treffpunkt der Brüsseler Avantgarde. Als er 1925 starb, vererbte er es der Stadt. So blieb das Dekor jener Zeit erhalten. Es sind Werke von Künstlern dieser Zeit wie James Ensor, Léon Frédéric, Fernand Khnopff und Rik Wouters zu sehen, zudem eine schöne Sammlung antiker Möbel. *Avenue des Arts 16 • Karte E3 • (02) 220 26 90 • Di–Fr 12–17 Uhr • Eintritt*

8 Église Saint-Jacques-sur-Coudenberg

Die charmante Kirche aus dem 18. Jahrhundert mit einer Fassade im romanischen Stil und einem auffälligen Glockenturm liegt in dem Aristokratenbezirk der Oberstadt Coudenberg. Sie ist Hofkapelle und steht nahe dem Königspalast. Im Chor befinden sich Sitze für die königliche Familie. Nach 1790, während der französischen Besatzung, wurde sie zum »Tempel der Vernunft« und »Tempel des Gesetzes« profaniert. 1802 wurde sie wieder geweiht. *Place Royale • Karte D4 • tägl. 10–18 Uhr • frei*

Das Pentagon

Die erste Stadtmauer um Brüssel wurde 1100 gebaut. Da die Stadt schnell wuchs, ersetzte man 1379 die alte Befestigung durch eine neue. So ergab sich das noch heute erkennbare Fünfeck. Die Mauern wurden im 19. Jahrhundert abgerissen, um Platz für baumbestandene Boulevards zu schaffen. Von den Stadttoren ist nur die Porte de Hal erhalten.

Mehr zu den Kirchen in Brüssel **siehe S. 42f**

Église Saint-Jacques-sur-Coudenberg

9 Sablon

Der Name Sablon bezieht sich auf das sandige Marschland, das sich hier befand, bevor das Gelände im 17. Jahrhundert trockengelegt wurde. An der Place du Grand Sablon gibt es Antiquitätenläden und zwei der führenden Schokoladenhersteller: Wittamer und Pierre Marcolini. Die Place du Petit Sablon umfasst einen Park mit 48 Statuen der mittelalterlichen Zünfte von Brüssel. Zwischen beiden Plätzen steht die Église Notre-Dame du Sablon. *Rue de la Régence 3B • Karte C4 • Mo–Fr 9–17 Uhr, Sa 9.30–17 Uhr, So 10–17 Uhr • frei*

10 Église St-Jean-Baptiste au Béguinage

Béguinages (Beginenhöfe) waren religiöse, wohltätige Einrichtungen für alleinstehende Frauen *(siehe S. 86)*. Dieser Hof aus dem 17. Jahrhundert hat eine Barockfassade und ein dezentes Inneres. Beachten Sie die in den Boden eingelassenen Grabplatten der Beginen. *Place du Béguinage • Karte B1 • (02) 217 87 42 • Di–Sa 10–17 Uhr, So 10–20 Uhr • frei*

Ein Tag im Zentrum

Vormittag

Beginnen Sie mit dem Wichtigsten: einem Spaziergang auf der **Grand Place** *(siehe S. 8–11)* und einem Besuch beim **Manneken Pis** *(siehe S. 10)*. Kaufen Sie unterwegs im Laden von Dandoy in der Rue Charles Buls eine Waffel. Gehen Sie zurück zur Bourse *(siehe S. 10)*, dann westwärts entlang der Rue Dansaert, der Straße mit führenden Modeläden. Biegen Sie rechts ab in die Rue du Vieux Marché aux Grains, und gehen Sie zur **Église Sainte-Cathérine**. Joseph Poelaert, der auch das gewaltige Palais de Justice baute, entwarf die Kirche 1854. Sie steht am Beginn eines jetzt von der Place Sainte-Cathérine überbauten Kanals. An dieser Stelle war der alte Fischmarkt; heute gibt es hier renommierte Fischrestaurants, in denen man gut zu Mittag essen kann.

Nachmittag

Gehen Sie in östlicher Richtung zurück und besichtigen Sie die **Cathédrale des Saints Michel et Gudule.** Danach führt die Rue Royale bergauf. Nach einem Spaziergang im **Park de Bruxelles** gehen Sie nach Süden zum **Palais Royal** *(siehe S. 70)* und zur eleganten Place Royale (17. Jh.) mit der Statue des Kreuzfahrers Gottfried von Bouillon (11. Jh.). Gleich sind Sie bei den **Musées Royaux des Beaux-Arts** und beim **Musée des Instruments de Musique** *(siehe S. 16f)*. Danach haben Sie wohl eine Erfrischung nötig. Gehen Sie einfach die Rue de la Régence weiter zu den Cafés und Schokoladenläden im **Sablon**-Bezirk.

Zum Thema Beginen & Beginenhöfe **siehe S. 41, S. 80, S. 86, S. 87**

Links **Spiegelsaal im Palais Royal** Rechts **Église Notre-Dame de la Chapelle**

TOP 10 Dies & Das

1 Galeries Royales Saint-Hubert

Als sie 1847 eröffnet wurde, war die elegante Einkaufspassage die größte Europas *(siehe S. 10).*

2 Musée du Costume et de la Dentelle

Geschichte der Mode und der Spitzenfertigung, die im 19. Jahrhundert 10 000 Frauen in Brüssel beschäftigte *(siehe S. 10).*

3 Place des Martyrs

Die 445 »Märtyrer«, die bei der Revolution 1830 starben, sind hier begraben. *Karte C2*

4 Église Notre-Dame de la Chapelle

Die große, stimmungsvolle Kirche wirkt wie ein Brueghel-Gemälde – Pieter Brueghel d. Ä. liegt hier auch tatsächlich begraben. *Place de la Chapelle • Karte B4 • (02) 513 53 48 • Juni–Sep: Mo–Sa 9–17 Uhr, So 11.30–16.30 Uhr, Okt–Mai: tägl. 12.30–16.30 Uhr • frei*

5 Palais Royal & Musée Belvue

So lebte die Aristokratie in den prunkvollen Räumen des königlichen Palastes. Ein Flügel beherbergt heute ein Museum zur Geschichte der belgischen Königsfamilie seit 1830. *Place des Palais • Karte D4 • Palais Royal: (02) 551 20 20 • Juli–Sep: Di–So 10.30–16.30 Uhr • frei • Musée Belvue: (02) 512 28 21 • Juni–Sep: Di–So 10–18 Uhr, Okt–Mai: Di–So 10–17 Uhr • Eintritt*

6 Palais de Charles de Lorraine

In den Räumen aus dem 18. Jahrhundert sind erlesene Exponate zu sehen: Möbel, Porzellan, Uhren und andere Kunstgegenstände. *Place du Musée 1 • Karte C4 • (02) 519 53 11 • Mi & Sa 13–17 Uhr • Eintritt*

7 Musée du Cinéma

Das Foyer eines Kinos birgt eine faszinierende Ausstellung zur Frühgeschichte des Films. *Rue Baron Horta 9 • Karte D4 • (02) 507 83 70 • tägl. • Eintritt*

8 Porte de Hal

Einzig erhaltenes Stadttor aus dem 14. Jahrhundert. *Boulevard du Midi • Karte B6 • (02) 534 15 18 • Di–So 10–16.45 Uhr*

9 Palais de Justice

Der Justizpalast, ein klassizistischer Bau, beherrscht das Stadtbild. *Place Poelaert • Karte B5 • (02) 508 65 78 • Mo–Fr 8–17 Uhr • frei*

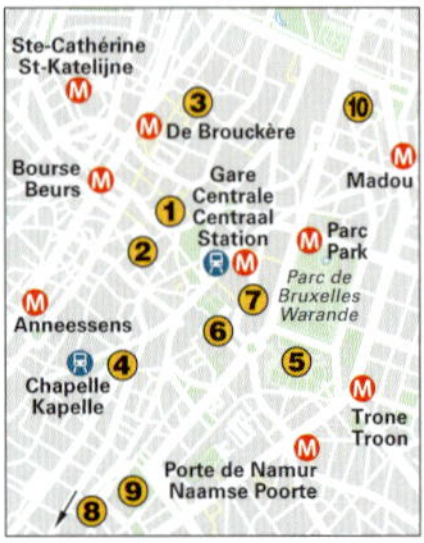

10 Musée du Jouet

Das Spielzeugmuseum spricht Kinder und Erwachsene an. *Rue de l'Association 24 • Karte E2 • (02) 219 61 68 • tägl. 10–12 Uhr & 14–18 Uhr • Eintritt*

Die Räume für Staatsempfänge im Palais Royal kann man nur von Juli bis September sehen – dafür aber kostenlos.

Links **Galerie Bortier** Rechts **Galeries Royales Saint-Hubert – Brüssels eleganteste Passage**

TOP 10 Läden & Märkte

1 Galeries Royales Saint-Hubert
Die elegante große Einkaufspassage ist immer noch ein Besuchermagnet *(siehe S. 10)*.

2 Rue Neuve
In der Fußgängerzone nahe dem Zentrum sind alle großen europäischen Ladenketten vertreten; am nördlichen Ende steht das Kaufhaus Inno. *Karte C1*

3 Rue Antoine Dansaert
Lassen Sie sich nicht von der schäbigen Umgebung täuschen – hier finden Sie neueste Designermode. Alle Antwerpener Modemacher sind mit Läden vertreten, und es gibt Filialen der bekannteren belgischen Modefirmen. *Karte B2*

4 Galerie Bortier
Das ist die kleine, weniger elegante Schwester der Galeries Royales Saint-Hubert. Hier gibt es antiquarische Bücher, Drucke und Poster. *Karte C3*

5 Place du Grand Sablon
Direkt am Platz liegen einige Antiquitätenläden. Gehen Sie aber auch in die Seitengassen. Zwei der berühmten Schokoladenhersteller, Wittamer und Marcolini, befinden sich ebenfalls hier *(siehe S. 55)*. *Karte C4*

6 Avenue & Galerie Louise
Läden internationaler Top-Designer drängen sich rund um die Place Louise. Weitere Boutiquen finden Sie in einer Einkaufspassage, die die Avenue de la Toison d'Or mit der Avenue Louise verbindet. *Karte C5*

7 Galerie de la Toison d'Or
Noch eine Passage (bei der Porte de Namur) mit Boutiquen in gehobener Preisklasse. *Karte D5*

8 Weihnachtsmarkt
Anfang Dezember bis Anfang Januar wird auf dem Markt in den Straßen westlich der Grand Place und um die Bourse Weihnachtliches angeboten: Kunsthandwerk, Weihnachtsschmuck, Geschenkartikel. *Karte B3*

9 Rue Blaes & Place du Jeu de Balle
Auf der Place du Jeu de Balle findet täglich von 6 bis 14 Uhr ein Flohmarkt statt. Nördlich davon, in der Rue Blaes, gibt es allerlei Läden mit Kunst, Kitsch und Krempel. *Karte B5*

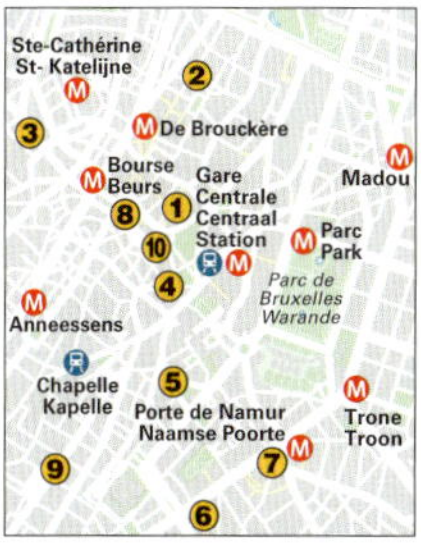

10 Galerie Agora
In der labyrinthartigen Einkaufspassage gibt es T-Shirts, Baseballmützen, Lederwaren, Modeschmuck, Räucherstäbchen etc. – und das alles überraschend preiswert. *Karte C3*

Besuchen Sie am Wochenende den Antiquitätenmarkt auf der Place du Grand Sablon.

Links **La Chaloupe d'Or** Rechts **Le Falstaff: Café und Brasserie-Restaurant mit Art-nouveau-Dekor**

TOP 10 Bars & Cafés

1 Le Roy d'Espagne
Berühmte Kneipe im alten Zunfthaus der Bäcker. Mittelalterliches Ambiente. Kleine Mahlzeiten. ⓢ *Grand Place 1 • Karte C3*

2 La Chaloupe d'Or
Elegantes Café-Restaurant im alten Zunfthaus der Schneider. Ein angenehmer Ort für ein leichtes Mittagessen, ein Bier am Nachmittag oder feines Gebäck. ⓢ *Grand Place 24–25 • Karte C3*

3 Le Métropole (Le Dix-neuvième)
Wunderschönes großes Café plus Bar – beide gehören zu Brüssels vornehmstem Hotel, sind aber gar nicht so teuer und auch nicht einschüchternd. Dennoch: Hier gilt Sehen und Gesehenwerden. ⓢ *Place de Brouckère 31 • Karte C2*

4 À La Mort Subite
»Plötzlicher Tod« – die 1926 im Rokokostil neu gestaltete Bar hat nichts mit Herzinfarkt zu tun, sondern ist nach einem Würfelspiel benannt. Auch ein *Gueuze*-Bier heißt so *(siehe S. 59)*. ⓢ *Rue Montagne aux Herbes Potagères 7 • Karte C2*

5 Le Falstaff
Das beliebte Café und Bierlokal hat eine hübsche Art-nouveau-Einrichtung, aber auch eine deftige Kneipenatmosphäre, die dem Shakespeare-Namen gerecht wird. ⓢ *Rue Henri Maus 19 • Karte B3 • (02) 511 87 89*

6 Chez Toone
Abseits vom Urlaubertrubel bietet die gemütliche Bar des berühmten Toone-Marionettentheaters *(siehe S. 60)* gute Biere und kleine Mahlzeiten. ⓢ *Petite Rue des Bouchers 21 (Impasse Schuddeveld 6) • Karte C3*

7 Greenwich Tavern
Ein Traditionslokal, heute vor allem bei Schachspielern beliebt. Einst eine Stammkneipe von Magritte. ⓢ *Rue des Chartreux 7 • Karte B2*

8 Wittamer
Beim Weltklasse-*Chocolatier* gibt es Sitzgelegenheiten. So können Sie die leckeren Produkte bei einer Tasse Kaffee kosten. ⓢ *Place du Grand Sablon 12–13 • Karte C4*

9 Restaurant du MIM
Das Musikinstrumenten-Museum hat ein fantastisches Dachterrassencafé *(siehe S. 16f)*. ⓢ *Rue Montagne de la Cour 2 • Karte D4*

10 À la Bécasse
Hier gibt es traditionelle Biere und echtes »Pubfood«, auch wenn die Einrichtung nicht ganz authentisch ist. ⓢ *Rue Tabora 11 • Karte C3*

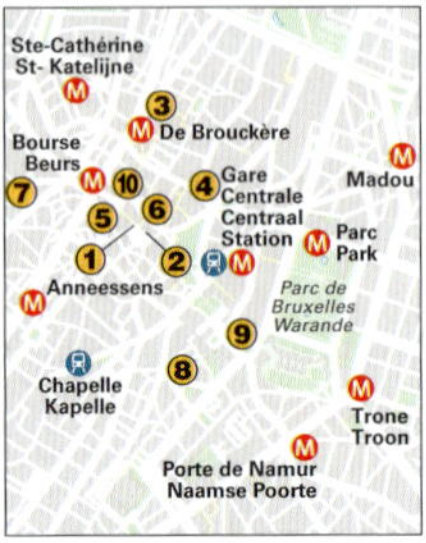

Mehr über die berühmten belgischen Biere **siehe S. 58f**

Links **The Music Village** Rechts **L'Archiduc – elegante Bar mit Art-déco-Einrichtung**

TOP 10 Nachtclubs, Diskotheken & Co.

1 L'Archiduc
Die Art-déco-Ausstattung der eleganten Bar soll an einen Luxusliner der 1930er Jahre erinnern. Am Flügel erklingen Jazzmelodien. *Rue Antoine Dansaert 6–8 • Karte B2*

2 Le Fuse
Hinter dem öden Äußeren eines Industriebaus liegt die beste Disco der Stadt. DJs spielen Techno und Drum 'n' Bass. *Rue Blaes 208 • Karte B5 • (02) 511 97 89*

3 Studio Athanor (Blow-up Club)
Beliebter Rahmen für Samstagabende: House, Electro, »Nu-Punk« und »NuJazz«. Dienstagabends gibt es Jazz und Blues. *Rue de la Fourche 17–19 • Karte C3*

4 Le Bazaar
Schicke Disco mit Weltmusik, zwei Bars und einem Restaurant; freitags und samstags wird Ethno-Küche geboten. *Rue des Capucins 63 • Karte B5 • (02) 511 26 00*

5 The Music Village
In dem gestylten Musiklokal kann man ab 19 Uhr zum Essen und Trinken rund um eine Bühne sitzen. Freitags und samstags: Jazz; mittwochs: Rock und Blues; donnerstags Afro-Latino. *Rue des Pierres 50 • Karte B3 • (02) 513 13 45*

6 Recyclart
Mehrzweck-»Künstler-Labor« im alten Bahnhof Chapelle/Kapellekerk. Ganz unterschiedliche Künstler treten hier auf; an den Wochenenden finden Club-Veranstaltungen statt. *Rue des Ursulines 25 • Karte B4 • (02) 502 57 34*

7 Mappa Mundo
Kosmopolitische Bar im quirligen Bezirk von Saint-Géry, in der bis in die frühen Morgenstunden etwas los ist. *Rue du Pont de la Carpe 2–6 • Karte B3 • (02) 513 51 16*

8 Soixante
Beliebte, lebhafte Disco mit DJs, die Mittwoch bis Samstag »streaming music« (Funk, Garage etc.) spielen. *Rue du Marché au Charbon 60 • Karte B3 • (02) 514 51 49*

9 Culture Museum
Ein lebhafter Treff für Nachtschwärmer, nur wenige Meter von der Grand Place entfernt. Kubanische DJs heizen dem internationalen Publikum gehörig ein. *Rue du Marché aux Fromages 10 • Karte C3 • (02) 502 76 89*

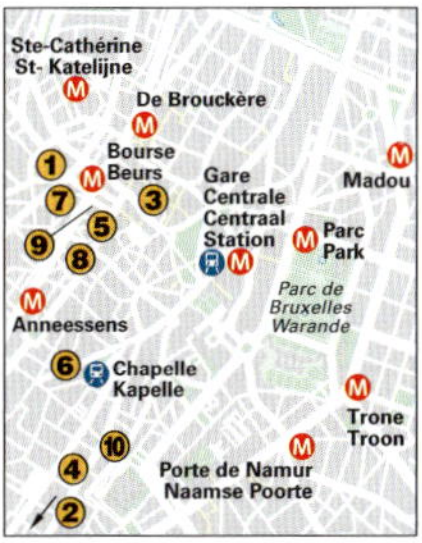

10 Havana
Das Ambiente des Clubs ist lateinamerikanisch, die Musik international. Hat lange geöffnet, an Wochenenden die ganze Nacht. Drei Bars, ein Restaurant. *Rue de l'Épée 4 • Karte B5 • (02) 502 12 24*

Mehr Tipps für Veranstaltungen, Lokale und Abendunterhaltung in Brüssel **www.tib.de** & **www.brusselsdiscovery.com**

Links **La Belga Queen – im Gebäude einer früheren Bank** Rechts **Kasbah**

Top 10 Restaurants

1 Comme Chez Soi
Brüssels berühmtestes Restaurant hat zwei Michelin-Sterne. Um in den Genuss französischer Spitzenküche zu kommen, müssen Sie Wochen im Voraus reservieren. *Place Rouppe 23 • Karte B4 • (02) 512 29 21 • So & Mo geschl. • €€€€€*

2 L'Ecailler du Palais Royal
Eines der renommiertesten Fischrestaurants. Das junge Team bringt frisches Flair in das klassische Angebot. *Rue Bodenbroeck 18 • Karte C4 • (02) 512 87 51 • So geschl. • €€€€€*

3 La Belga Queen
Schickes Lokal in einer ehemaligen Bank. Französisch-belgische Speisekarte. *Rue du Fossé-aux-Loups 32 • Karte C2 • (02) 217 21 87 • €€€€*

4 Chez Marius en Provence
Fischrestaurant in einem Haus aus dem 18. Jahrhundert. Angebot mit mediterraner Note. *Place du Petit Sablon 1 • Karte C5 • (02) 511 12 08 • So geschl. • €€€€*

6 La Belle Maraîchère
Ein denkwürdiges Brüsseler Erlebnis: Spitzen-Fischgerichte in einem traditionellen, familiengeführten Lokal. Beliebt seit über 30 Jahren. *Place Sainte-Catherine 11 • Karte B2 • (02) 512 97 59 • Mi & Do geschl. • €€€€€*

7 La Marée
Kleines Restaurant – hoch geschätzt wegen der exzellenten Fischgerichte. Vorzügliche, preiswerte Speisen. *Rue de Flandre 99 • Karte B1 • (02) 511 00 40 • Mo & Di geschl. • €€*

8 Kasbah
Marokkanische Gerichte im Ambiente von Tausendundeiner Nacht – unter Dutzenden bunter Lämpchen. *Rue Antoine Dansaert 20 • Karte B2 • (02) 502 40 26 • €*

9 Aux Armes de Bruxelles
Aux Armes de Bruxelles, gegründet 1921, ist eine Institution: gepflegte Eleganz, weißes Leinen, tadellose belgische Kochkunst. *Rue des Bouchers 13 • Karte C3 • (02) 511 55 50 • Mo geschl. • €€€*

5 Sea Grill, SAS Radisson
In dem Fischrestaurant gibt es solide, gehobene Küche in skandinavisch geprägter Umgebung. *Rue du Fossé-aux-Loups 47 • Karte C2 • (02) 227 31 20 • Sa mittags & So geschl. • €€€€€*

10 Rôtisserie Vincent
Genießen Sie, umgeben von Wandgemälden mit Schifffahrtsmotiven, deftige belgische Fleischgerichte. *Rue des Dominicains 8–10 • Karte C2 • (02) 511 23 03 • €€*

Wenn nicht anders angegeben, akzeptieren alle Restaurants Kreditkarten, bieten Vegetarisches und sind für Rollstühle zugänglich.

Preiskategorien		
Preis für ein Drei-Gänge-Menü pro Person mit einer halben Flasche Wein, inkl. Steuern und Service.	€	unter 30 €
	€€	30–40 €
	€€€	40–50 €
	€€€€	50–60 €
	€€€€€	über 60 €

Café Le Perroquet – gutes Mittagessen in Art-nouveau-Ambiente

TOP 10 Brasserien & Bistros

1 Brasserie de la Roue d'Or
Art-nouveau-Brasserie mit Wandgemälden im Stil von Magritte. Preiswerte belgische und französische Küche. *Rue des Chapeliers 26 • Karte C3 • (02) 514 25 54 • €€*

2 In 't Spinnekopke
Kneipe *(estaminet)* mit Tradition seit dem 18. Jahrhundert. Auf der Karte belgische und Brüsseler Spezialitäten, viele mit einheimischem Bier gekocht. *Place du Jardin-aux-Fleurs 1 • Karte A3 • (02) 511 86 95 • Sa mittags & So geschl. • €€*

3 L'Entrée des Artistes
Beliebte und gute Brasserie. Ansprechende Speisekarte mit etlichen belgischen Standardgerichten, beispielsweise *chicons au gratin.* *Place du Grand Sablon 42 • (02) 502 31 61 • Karte C4 • €€*

4 Café Le Perroquet
Art-nouveau-Lokal, das bei jungen Leuten beliebt ist. Gutes Imbissangebot; das tägliche Mittagsmenü ist auf Tafeln vor dem Restaurant angeschrieben. *Rue Watteeu 31 • Karte C5 • €*

5 Brasserie Horta
Restaurant des Comic-Museums. Die belgischen Gerichte auf der Karte wechseln täglich. Die Brasserie schließt um 18 Uhr. *Rue des Sables 20 • Karte D2 • (02) 217 72 71 • Mo geschl. • €€*

6 Le Pain Quotidien
Hier gibt es vorzügliches Brot mit köstlichen Füllungen und verlockendes Gebäck. Le Pain Quotidien (»Das tägliche Brot«) hatte auf Anhieb Erfolg. Dies ist die zentrale Filiale von zehn weiteren in Brüssel. *Rue Antoine Dansaert 16 • Karte B2 • €*

7 Chez Patrick
Das Restaurant hält unbeirrt an seiner Tradition solider, preiswerter, belgischer Küche fest. *Rue des Chapeliers 6 • Karte C3 • (02) 511 98 15 • So & Mo geschl. • €€*

8 Le Bermuchet
Das Bistro serviert französische Küche bei Kerzenschein. Die Ausstattung mit Kunst und Trödel erinnert an die Antiquitätenläden in der Nähe. *Rue Haute 198 • Karte B5 • (02) 513 88 82 • Sa mittags & So abends geschl. • €€*

9 't Kelderke
Kellerlokal aus dem 17. Jahrhundert mit durch und durch belgischer Küche. Das gute Essen lockt Einheimische genauso an wie Besucher. *Grand Place 15 • Karte C3 • (02) 513 73 44 • €*

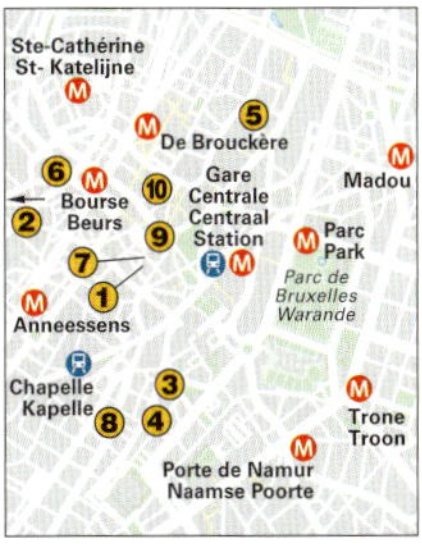

10 Chez Léon
Spezialität des 1893 eröffneten Hauses sind *moules-frites.* *Rue des Bouchers 18 • Karte C3 • (02) 513 04 26 • €€*

Kulinarische Spezialitäten der belgischen Küche **siehe S. 56f**

Links **Autoworld** Rechts **Musée Royal de l'Armée et d'Histoire Militaire**

Umgebung von Brüssel

BRÜSSEL WUCHS IM LAUF DER JAHRHUNDERTE *über das alte Stadtgebiet hinaus und schloss nach und nach die Vororte des Umlandes mit ein. Da die Gemeinden der Außenbezirke – Ixelles, Saint-Gilles und Anderlecht – dennoch ihren eigenen Charakter bewahrten, bietet die Umgebung von Brüssel eine reizvolle Vielfalt. Das gute öffentliche Verkehrsnetz bringt Besucher bequem zu den hier empfohlenen Sehenswürdigkeiten.*

TOP 10 Attraktionen

1. Parc du Cinquantenaire
2. Musée Horta
3. Musée David et Alice van Buuren
4. Pavillon Chinois & Tour Japonaise
5. Atomium
6. Musée du Tram Bruxellois
7. Musée Royal de l'Afrique Centrale
8. Musée Communal d'Ixelles
9. Musée Constantin Meunier
10. Musée Antoine Wiertz

Tour Japonaise

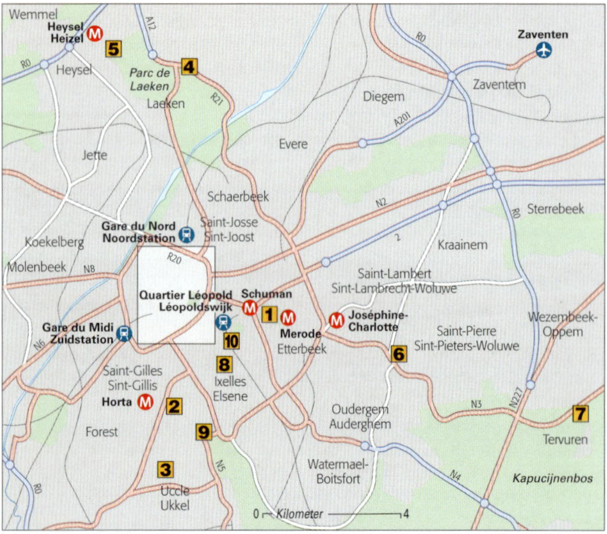

In Flandern unterwegs **siehe S. 114**

Musée Horta

1 Parc du Cinquantenaire

1880 veranstaltete König Léopold II. zum 50-jährigen Gründungstag des Königreichs Belgien eine große internationale Messe. Die Ausstellungshallen, die er errichten ließ, beherbergen heute zusammen mit den Nachfolgebauten einen Komplex von Museen. Besonders faszinierend sind die Musées Royaux d'Art et d'Histoire, eine umfassende Sammlung, die von archäologischen Funden über anthropologische Artefakte bis hin zum Kunstgewerbe reicht. In der Nähe liegen das Musée Royal de l'Armée et d'Histoire Militaire, ein militärgeschichtliches Museum, sowie Autoworld, eine Sammlung von Oldtimern. Im Park befinden sich zudem das außergewöhnliche Atelier de Moulages *(siehe S. 41)* sowie der Pavillon Horta, ein klassizistischer Bau, den der junge Victor Horta für erotische Plastiken des Künstlers Jef Lambeaux (1852–1908) entwarf. *Karte H4 • Musées Royaux d'Art et d'Histoire: Parc du Cinquantenaire 10; (02) 741 72 11; www.kmkg-mrah.be; Di–Fr 9.30–17 Uhr, Sa & So 10–17 Uhr, Mo & Feiertage geschl.; Eintritt (1. Mi im Monat 13–17 Uhr frei) • Musée Royal de l'Armée et d'Histoire: Parc du Cinquantenaire 3; (02) 737 78 11; www.klm-mra.be; tägl. 9–12 Uhr & 13–16.45 Uhr, Mo & Feiertage geschl.; frei • Autoworld: Parc du Cinquantenaire 11; (02) 736 41 65; www.autoworld.be; Apr–Sep: tägl. 10–18 Uhr, Okt–März: tägl. 10–17 Uhr (Sa & So bis 18 Uhr); Eintritt*

2 Musée Horta

Eine Symphonie des Art-nouveau-Designs *(siehe S. 18f)*.

3 Musée David et Alice van Buuren

In dem wunderschön erhaltenen Art-déco-Haus sieht man herrliche Stilmöbel und Buntglasfenster sowie zeitgenössische Gemälde. *Ave Léo Errera 41, 1180 BRU (Uccle) • Karte G3 (Nebenkarte) • (02) 343 48 51 • www.museumvanbuuren.com • Museum & Garten Mi–Mo 14–17.30 Uhr • Eintritt*

4 Pavillon Chinois & Tour Japonaise

Im Chinesischen Pavillon und Japanischen Turm (Vermächtnisse von König Léopold II.) sind jetzt Sammlungen von Porzellan, Samurai-Waffen und Art-nouveau-Glas ausgestellt. *Ave van Praet 44, 1020 BRU (Laeken) • Karte G1 • (02) 268 16 08 • www.kmkg-mrah.be • Mo–Fr 9.30–17 Uhr, Sa & So 10–17 Uhr • Eintritt*

5 Atomium

Das gigantische Modell eines Eisenmoleküls wurde für die Brüsseler Weltausstellung von 1958 errichtet.

Boulevard du Centenaire, 1020 BRU (Laeken) • Karte F1 • (02) 475 47 77 • www.atomium.be • tägl. 10–18 Uhr • Eintritt

Atomium

Versäumen Sie nicht, die Kirchenschätze in der Salle aux Trésors der Musées Royaux d'Art et d'Histoire zu besichtigen.

Musée du Tram Bruxellois

6 Musée du Tram Bruxellois

Die Straßenbahnen im heutigen Brüssel sind die Reste eines Verkehrssystems, das ein wesentlicher Bestandteil des Stadtbilds war. Kaum ein Besucher wird sich dem Reiz der über 60 Trams verschließen – von den von Pferden gezogenen »hippomobiles« der 1860er Jahre bis zu den »modernen« glatten Formen gut hundert Jahre später –, die hier in einem ehemaligen Depot stehen. Man kann auch eine 20-minütige Fahrt mit einer historischen Tram zwischen Tervuren und dem Afrika-Museum oder dem Parc Cinquantenaire unternehmen. *Ave de Tervuren 364B, 1150 BRU (Woluwe-Saint-Pierre) • Karte G2 • (02) 515 31 08 • www.mtub.be • 1. Wochenende Apr–1. Wochenende Okt: Sa, So & Feiertage 13.30–19 Uhr • Eintritt*

7 Musée Royal de l'Afrique Centrale (MRAC)

Das Königliche Zentralafrikanische Museum steht für ein gewaltiges Unternehmen: Der riesige, elegante klassizistische Palast (um 1900 erbaut) sollte alles Staunenswerte aus Belgiens größter kolonialer Besitzung, Belgisch-Kongo in Zentralafrika, zur Geltung bringen. Die damalige Absicht der Wissensvermittlung und glorreichen Selbstdarstellung ist allerdings in den letzten Jahren durch die Aufarbeitung der unrühmlichen belgischen Kolonialgeschichte getrübt worden. Zu sehen sind ethnologisch interessante Exponate – Masken, Skulpturen, Speere, ein Einbaum – und Erinnerungsstücke aus der Entdeckungsgeschichte, z. B. Henry Stanleys Mütze. *Leuvensesteenweg 13, 3080 Tervuren • Karte H2 • (02) 769 52 11 • www.africamuseum.be • Di–Fr 10–17 Uhr, Sa & So 10–18 Uhr • Eintritt*

8 Musée Communal d'Ixelles

Es lohnt sich, zu dieser kleinen, aber vorzüglichen Kunstsammlung in den südlichen Vorort Brüssels zu fahren. Hier finden sich kleinere Werke großer Meister wie Rembrandt, Delacroix und Picasso, dazu eine einzigartige Sammlung von Originalplakaten von Toulouse-Lautrec. Außerdem sieht man hier Werke von Symbolisten wie Léon Spilliaert und Léon Frédéric sowie Skulpturen und fauvistische Gemälde von Rik Wouters. *Rue J Van Volsem 71, 1050 BRU (Ixelles) • Karte E6 • (02) 515 6421 • www.musee-ixelles.be • Di–Fr 13–18.30 Uhr, Sa & So 10–17 Uhr, Mo & Feiertage geschl. • frei (bis auf Ausstellungen)*

Léopold II.

Belgiens zweiter König regierte von 1865 bis 1909, in einer Zeit des großen Wandels in Europa. Er war für Modernisierungen zu begeistern und initiierte viele Bauvorhaben. Entschlossen, Belgien als Kolonialmacht zu stärken, schuf er Belgisch-Kongo. Léopold II. hatte mit seinem langen Vollbart ein eindrucksvolles Aussehen; sein Ansehen litt jedoch wegen angeblicher Affären.

Weitere Museen **siehe S. 38f, S. 40f**

9 Musée Constantin Meunier

Constantin Meunier (1831–1905) war ein international bedeutender Bildhauer des 19. Jahrhunderts. Unverwechselbar sind seine Bronzeplastiken von Arbeitern – insbesondere der *puddleurs* (Schmiede). Das Museum ist in seinem einstigen Wohnhaus untergebracht und zeigt Beispiele seines Schaffens.

Rue de l'Abbaye 59, 1050 BRU (Ixelles) • Karte G2 • (02) 648 44 49 • www.fine-arts-museum.be • Di–Fr 10–12 Uhr & 13–17 Uhr, Mo, Sa, So & Feiertage geschl. • frei

Musée Antoine Wiertz

10 Musée Antoine Wiertz

Dies ist eines der ungewöhnlichen Museen in Brüssel. Antoine Wiertz (1806–1865) war ein Künstler, dessen Selbsteinschätzung sein Talent weit übertraf. Als junger Mann wurde er von Gönnern gefördert, doch der Erfolg stieg ihm zu Kopf. Er ließ sich dieses riesige Atelier bauen, um Bilder von den Dimensionen der Werke Michelangelos malen zu können. Die gewaltigen Gemälde sind interessant; von den kleineren Arbeiten wirken manche sehr makaber oder extrem moralisierend. *Rue Vautier 62, 1050 BRU (Ixelles) • Karte F5 • (02) 648 17 18 • www.fine-arts-museum.be • Di–So 10–12 Uhr & 13–17 Uhr, Mo, Feiertage, Sa & So im Juli & Aug geschl. • frei*

Spaziergang durch das Brüssel Léopolds II.

Vormittag

Ziehen Sie bequeme Laufschuhe an, denn die Wegstrecke beträgt etwa fünf Kilometer und beinhaltet viele Museumsbesuche. Sie sollten den Spaziergang nicht unbedingt an einem Montag machen, wenn die meisten Museen geschlossen haben. Beginnen Sie bei der Métro-Station Schuman mitten im Europa-Viertel, nahe dem Justus-Lipsius-Gebäude. Wenn Sie fit sind, gehen Sie die Rue Archimède entlang, um das eigenartigste Art-nouveau-Haus überhaupt zu sehen, das **Hôtel Saint-Cyr** am Square Ambiorix *(siehe S. 44)*. Alternativ gehen Sie in den **Parc du Cinquantenaire** *(siehe S. 77)* und wählen eines der dort ansässigen Museen aus. An der **Place Jourdan** finden Sie anschließend Cafés und Restaurants.

Nachmittag

Überqueren Sie die Place Léopold bis zum verrückten **Musée Wiertz** *(siehe links)*, gehen Sie dann einen Kilometer weiter zum **Musée Communal d'Ixelles** *(siehe S. 78)*. Besuchen Sie danach das **Café Belga** im Flagey-Rundfunkhaus aus den 1930er Jahren *(siehe S. 81)*; oder gehen Sie die Chaussée de Vleurgat zum **Musée Constantin Meunier** *(siehe links oben)*. Etwa zehn Minuten sind es zum **Musée Horta** *(siehe S. 18f)*. Von hier können Sie mit der Tram zurückfahren oder sich die Art-nouveau-Häuser *(siehe S. 44f)* ansehen und den Tag im Restaurant **Salons de l'Atalaïde** *(siehe S. 81)* beschließen.

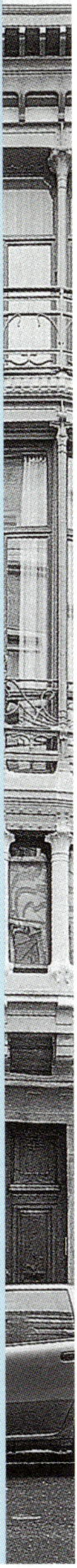

Mehr über belgische Künstler **siehe S. 36f**

Links **Parlement Européen – das Europäische Parlament** Rechts **Maison d'Erasme**

TOP 10 Dies & Das

1 Musée Bruxellois de la Gueuze

Wenn Sie nur ein einziges Biermuseum besuchen – dann muss es dieses altmodisch versponnene sein! *Rue Gheude 56, 1070 BRU (Anderlecht) • Karte A4 • (02) 521 49 28 • www.cantillon.be • Mo–Fr 8.30–17 Uhr, Sa 10–17 Uhr, So & Feiertage • Eintritt*

2 Maison d'Erasme

Das hübsche Ziegelhaus, in dem der Humanist Erasmus von Rotterdam 1521 wohnte, ist ein an sein Werk erinnerndes Museum. *Rue du Chapitre 31, 1070 BRU (Anderlecht) • Karte F2 • (02) 521 13 83 • Di–So 10–17 Uhr • Eintritt*

3 Béguinage d'Anderlecht

Beginenhof *(siehe S. 86)*, heute Museum über das Leben der *béguines*. *Rue du Chapelain 8, 1070 BRU • Karte F2 • (02) 521 13 83 • Di–So 10–12 Uhr & 14–17 Uhr • Eintritt*

4 Basilique Nationale du Sacré-Coeur

Das höchste je errichtete Art-déco-Bauwerk – mit großartigem Ausblick von der grün-kupfernen Kuppel. *Parvis de la Basilique 1, 1083 BRU (Ganshoren) • Karte F2 • (02) 425 88 22 • Ostern–Okt: tägl. 9–17 Uhr; Nov–Ostern: 10–16 Uhr • Eintritt für Panorama*

5 Parlement Européen

Das Quartier Léopold wird heute vom Stahl-Glas-Tonnengewölbe des Europäischen Parlaments beherrscht. *Rue Wiertz 43, 1047 BRU • Karte F5 • (02) 284 21 03 • www.europarl.eu.int • frei*

6 Musée des Sciences Naturelles

Hier gibt es vollständig erhaltene Dinosaurierskelette. *Rue Vautier 29 • Karte F5 • (02) 627 42 38 • www.sciencesnaturelles.be • Di–Fr 9.30–16.45 Uhr, Sa & So 10–18 Uhr • Eintritt*

7 Serres Royales

Die Königlichen Gewächshäuser. *Ave du Parc Royal (Domaine Royal), 1020 BRU • Karte G1 • (02) 513 89 40 • Apr–Mai • Eintritt*

8 Musée René Magritte

Magrittes Heim. *Rue Esseghem 135, 1090 BRU • Karte F1 • (02) 428 26 26 • www.magrittemuseum.be • Mi–So 10–18 Uhr • Eintritt*

9 Palais Stoclet

Ein Art-nouveau-Haus (1905–1911). *Ave de Tervuren 279, 1150 BRU (Woluwe-Saint-Pierre) • Karte G2*

10 Bruparck

Familien-Freizeitpark. *Blvd du Centenaire 20, 1020 BRU • Karte F1 • (02) 474 83 77 • www.bruparck.com • Apr–Dez: tägl. 9.30–17 Uhr • Eintritt*

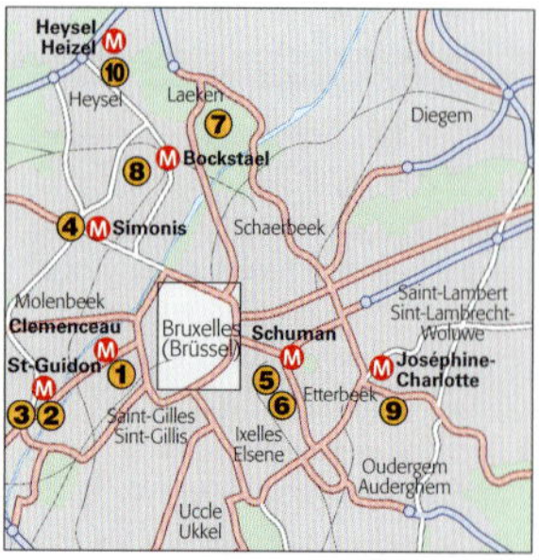

Die Versammlungen des Europäischen Parlaments finden sowohl in Brüssel als auch in Straßburg statt.

La Quincaillerie – Restaurant mit spektakulärem Innendesign

Preiskategorien

Preis für ein Drei-Gänge-Menü pro Person mit einer halben Flasche Wein, inkl. Steuern und Service.		
	€	unter 30 €
	€€	30–40 €
	€€€	40–50 €
	€€€€	50–60 €
	€€€€€	über 60 €

TOP 10 Restaurants, Cafés & Bars

1 Bruneau

Ein Spitzenlokal. Küchenchef Jean-Pierre Bruneau hat zwei Michelin-Sterne. *Ave Broustin 73–75, 1083 BRU (Ganshoren) • Karte F2 • (02) 421 70 70 • www.bruneau.be • Di mittags & Mi geschl. • €€€€€*

2 La Quincaillerie

Restaurant in einer einstigen Eisenwarenhandlung. Der Designer Antoine Pinto wurde mit der Innenausstattung berühmt. *Rue du Page 45, 1050 BRU (Ixelles) • Karte G2 • (02) 533 98 33 • www.quincaillerie.be • Sa mittags & So mittags geschl. • €€€*

3 Les Salons de l'Atalaïde

Wahrhaft imposantes Restaurant großen Stils. *Chaussée de Charleroi 89, 1060 BRU (Saint-Gilles) • Karte C6 • (02) 534 64 56 • €€€*

4 La Brouette

Gourmet-Küche in feinem Ambiente. *Boulevard Prince de Liège 61, 1070 BRU (Anderlecht) • Karte F2 • (02) 522 51 69 • www.labrouette.be • Sa mittags, So abends & Mo geschl. • €€€*

5 Tsampa

Vegetarisches Restaurant, asiatisch angehauchte Gerichte, schöne Atmosphäre. *Rue de Livourne 109, 1050 BRU (Ixelles) • Karte G2 • (02) 647 03 67 • Sa & So geschl. • €*

6 De Ultieme Hallucinatie

Art-nouveau-Restaurant; französisch-belgische Küche. *Rue Royale 316, 1210 BRU (Saint-Josse) • Karte E1 • (02) 217 06 14 • Mitte Juli–Mitte Aug: Sa mittags & So geschl. • €€€*

7 La Canne en Ville

Hübsches Restaurant in einem geschmackvoll umgebauten Metzgerladen; französische Küche. *Rue de la Réforme 22, 1050 BRU (Ixelles) • Karte G2 • (02) 347 29 26 • Sa mittags & So geschl. • €€€*

8 Café Belga (im Flagey-Gebäude)

Szene-Café der jungen Künstler-Schickeria. Das Flagey-Rundfunkhaus im Art-déco-Stil aus den 1930er Jahren gibt den ausgefallenen Rahmen ab – auch für Musikveranstaltungen. *Place Eugène Flagey • Karte G2 • www.cafebelga.be*

9 Chez Moeder Lambic

Behagliche Bierkneipe, die auf ihrer Karte 450 Biersorten anbietet. *Rue de Savoie 68, 1060 BRU (Saint-Gilles) • Karte G2 • (02) 539 14 19*

10 Colmar

Ein Lokal der Colmar-Kette in einem einstigen spanischen Gefängnis aus dem 16. Jahrhundert. *Boulevard de la Woluwé 71 • Karte H2 • (02) 762 98 55 • www.colmar.be • €*

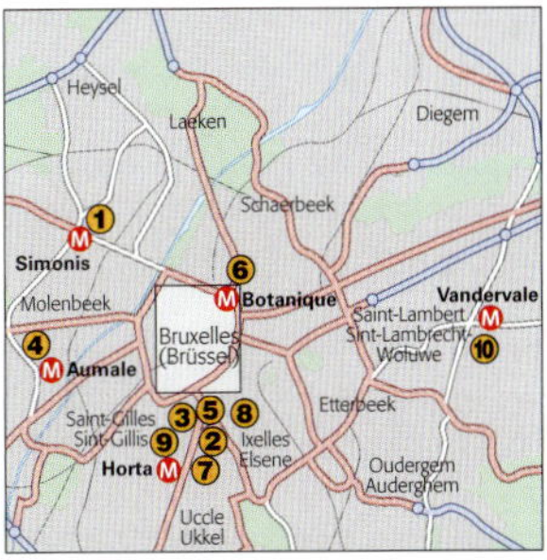

Wenn nicht anders angegeben, akzeptieren alle Restaurants Kreditkarten, bieten Vegetarisches und sind für Rollstühle zugänglich.

Links **Porträt einer Brügger Familie, Jacob v. Oost (Groeningemuseum)** Rechts **Memlingmuseum**

Brügge

BRÜGGE WAR IM MITTELALTER *eine der reichsten Städte Europas. Der Wohlstand basierte auf dem Handel mit Seide, Pelzen, asiatischen Teppichen, Wein, Früchten und sogar exotischen Tieren, die auf den Kanälen umgeschlagen wurden. Die Spitze, die in den Brügger Werkstätten geklöppelt wurde, war in ganz Europa begehrt. Um 1500 fiel die Stadt in einen Dornröschenschlaf, der rund 400 Jahre dauern sollte. Brügge verlor seine Bedeutung als Handelszentrum, in Armenhäusern und frommen Institutionen wurde die ärgste Not gelindert. Ende des 19. Jahrhunderts wurde Brügge als historisches Juwel entdeckt und restauriert. Seitdem strömen Besucher in die Stadt. Eine Art »zweite Renaissance« brachte vor Kurzem neues Flair in die Hotel- und Restaurantszene. Brügge bietet international berühmte Kunstsammlungen und ist ein Ort für spannende Stadtspaziergänge.*

Belfort – mit 47 Glocken

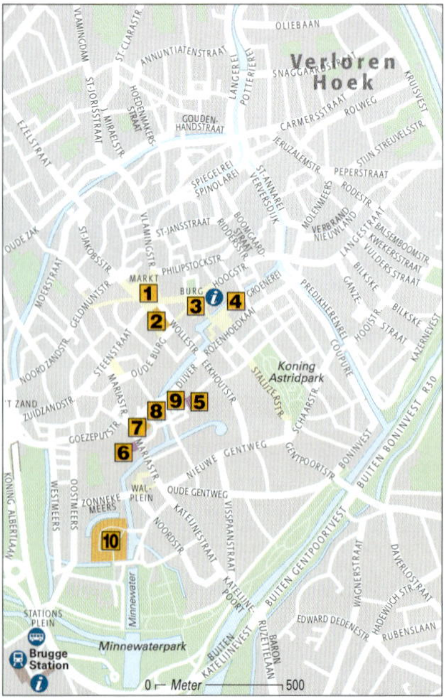

TOP 10 Attraktionen

1. Markt
2. Belfort
3. Burg
4. Steenhouwersdijk & Groenerei
5. Groeningemuseum
6. Memlingmuseum & Sint-Janshospitaal
7. Onze-Lieve-Vrouwekerk
8. Gruuthusemuseum
9. Arentshuis (Brangwyn-museum)
10. Begijnhof

Vorhergehende Doppelseite **Idyllische Uferbauten in Brügge**

1 Markt

Den zentralen Marktplatz Brügges säumen viele Originalbauten – Zunfthäuser mit Stufengiebeln. Der Provinciaal Hof, das Gebäude der Provinzregierung an der Ostseite, stammt jedoch aus dem späten 19. Jahrhundert. Der Platz ist bis heute der Mittelpunkt Brügges geblieben. Hier findet am Mittwochmorgen der Markt statt. Im Dezember lockt ein kleiner Weihnachtsmarkt (mit Eisbahn). *Karte K4*

2 Belfort

Den Aufstieg über 366 Stufen zur Spitze des Glockenturms belohnt ein spektakulärer Blick über das mittelalterliche Brügge. Das Spiel der 47 Glocken wird durch einen 1748 installierten Mechanismus gesteuert – oder per Keyboard vom städtischen *beiaardier* (Glockenspieler), der scherzhaft als Brügges bestbezahlter Beamter bezeichnet wird.
Markt 7 • Karte K4 • Di–So 9.30–17 Uhr (letzter Einlass 16.15 Uhr) • Eintritt

3 Burg

Der eng bebaute, faszinierende Platz, prächtig ausgestattet mit historischen Bauten, Skulpturen und Verzierungen, war das Zentrum des alten Brügge *(siehe S. 22f)*.

Groenerei – ein grüner Kanal in Brügge

4 Steenhouwersdijk & Groenerei

Gleich südlich des Burgplatzes spiegeln sich in den ruhigen Wassern eines idyllischen Kanalabschnitts mittelalterliche Brücken und Bauten. Hier wird der Steenhouwersdijk (Steinmetzdamm) zum Groenerei (grünen Kanal). Das malerische Armenhaus De Pelikaan (1714) am Ufer heißt nach dem christlichen Symbol der Nächstenliebe, dem Pelikan.
Karte L4

5 Groeningemuseum

In dem angenehm kleinen Museum ist eine der herausragendsten nordeuropäischen Sammlungen zu sehen. Die Schwerpunkte setzen spätmittelalterliche flämische Meister wie Jan van Eyck und Hans Memling *(siehe S. 24f)*.

Der gut erhaltene mittelalterliche Marktplatz in Brügge

Informationen über Brügge **www.brugge.be**

6 Memlingmuseum & Sint-Janshospitaal

Das Sint-Janshospitaal zählte zu den wichtigsten Auftraggebern des großen flämischen Meisters Hans Memling (1435–1494). Das wunderbar renovierte mittelalterliche Gebäude präsentiert eine faszinierende Mischung aus kostbaren Artefakten, Gemälden und historischen medizinischen Exponaten sowie eine Apotheke aus dem 15. Jahrhundert. Unbestreitbarer Höhepunkt des Museums, das man mit Audioführer erkunden kann (mit der Eintrittskarte erhältlich), ist die Sammlung von Memlings Werken in der Kapelle *(siehe S. 24f)*.

Onze-Lieve-Vrouwekerk

7 Onze-Lieve-Vrouwekerk

Der Turm der Liebfrauenkirche zählt zu den Wahrzeichen von Brügge. Das Gebäude zeigt eine Mischung verschiedenster Stile: Außen gibt sich die Kirche, an der ab 1220 über zwei Jahrhunderte lang gebaut wurde, im strengen Gewand der Schelde-Gotik. Im hauptsächlich gotisch gehaltenen Innenraum sind die Statuen und eine auffällige Kanzel (1743) sehenswert. Überraschenderweise findet sich in diesem so weit in Europas Norden gelegenen Kirchenjuwel ein Werk von Michelangelo. Seine *Madonna mit Kind* von 1504/05 zeugt von der engen Verbindung Brügges mit dem Italien der Renaissance. Im Kirchenmuseum sind die herrlich verzierten Sarkophage von Karl dem Kühnen (1433–1477), dem Herzog von Burgund, und seiner Tochter Maria (1457–1482) zu bewundern. *Mariastraat • Karte K5 • Mo–Fr 9–12.30 Uhr & 13.30–17 Uhr, Sa 9–12.30 Uhr & 13.30–16 Uhr, So 14–17 Uhr • Eintritt für Museum (Kirche frei)*

Béguinages

Diese Gemeinschaften wurden im 13. Jahrhundert für die vielen Frauen (*béguines* oder Beginen) gegründet, die durch die Kreuzzüge ledig blieben oder zu Witwen wurden. Eine *béguinage* bzw. ein *begijnhof* war jedoch kein Kloster: *Béguines* durften (wieder) heiraten. Die noch heute bestehenden, charmanten *béguinages* dienen als Häuser für sozial Schwache.

8 Gruuthusemuseum

Haushaltsgegenstände, Musikinstrumente, Möbel, Textilien, Waffen … Mit seiner vielfältigen Sammlung von Gegenständen des Alltags aus verschiedenen Kaufmannshäusern vermittelt dieses Museum anschaulich das Leben in Brügge in den vergangenen Jahrhunderten. In dem palastähnlichen Gebäude aus dem 15. Jahrhundert lebten einst die Herren von Gruuthuse, die durch Steuern auf Zutaten, die für das Bierbrauen *(gruut)* benötigt werden, große Reichtümer anhäuften. Zeichen ihres Ansehens ist die Galerie des Hauses, die auf den Chor der benachbarten Onze-Lieve-Vrouwekerk gerichtet ist. Das Haus wurde im 19. Jahrhundert restauriert und als Museum eingerichtet *(siehe S. 38)*. *Dijver 17 • Karte K4 • Di–So 9.30–17 Uhr • Eintritt (mit Archeologisch Museum)*

Informationen zu Beginen **www.heiligenlexikon.de/Orden/Beginen.htm**

9 Arentshuis (Brangwynmuseum)

Der Vater des Malers Frank Brangwyn (1867–1956), William Curtis Brangwyn, gehörte zu der Gruppe britischer Künstler und Architekten, die der Stadt ihre gotische Pracht zurückgab. Frank Brangwyn vermachte seiner Geburtsstadt eine beeindruckende Sammlung seiner Arbeiten, die heute in der oberen Etage des Arentshuis (spätes 18. Jh.) besichtigt werden kann. Im Parterre wird Zeitgenössisches ausgestellt. *Dijver 16 • Karte K4 • Di–Sa 9.30–17 Uhr • Eintritt*

10 Begijnhof

Im Ensemble des Beginenhofs, von 1245 bis 1928 die Heimstätte für Gemeinschaften der *béguines (siehe Kasten)*, zeigt sich auch ein wenig die »Seele« Brügges. Die weißen Häuser der Beginen aus dem 17. und 18. Jahrhundert scharen sich rund um einen Park. Die Kirche und ein Haus (*Begijnhuisje*) können besichtigt werden. *Wijngaardstraat • Karte K5 • Gelände: bei Tageslicht • Begijnhuisje: März–Nov: tägl. 10–12 Uhr & 13.45–17 Uhr; Dez–Feb: Mo, Di & Fr 10–12 Uhr, Mi & Do 14–16 Uhr • Eintritt für Begijnhuisje (Gelände frei)*

Begijnhof – ein Rückzugsort für Frauen

Ein Tag in Brügge

Vormittag

Von der **Burg** *(siehe S. 22f)* aus queren Sie Richtung Süden die Blinde Ezelstraat und bummeln dann entlang der Kanäle **Steenhouwersdijk** und **Groenerei** *(siehe S. 85)*. Über die Huidenvettersplein gelangen Sie zum **Dijver**, wo Sie ein herrlicher Blick auf die Stadt erwartet. Gehen Sie nun an der **Onze-Lieve-Vrouwekerk** *(siehe S. 86)* vorbei zur **Mariastraat** und **Katelijnestraat**. Dort lockt heiße Schokolade bei De Proeverie *(siehe S. 91)*. Folgen Sie der Wijngaardstraat zum **Begijnhof** *(siehe links)*,. Machen Sie einen Spaziergand rund um den Minnewater *(siehe S. 88)*. Zurück geht es durch die Katelijnestraat mit ihren Armenhäusern (Nr. 87–101 und 79–83). Das Mittagessen nehmen Sie auf dem **Vismarkt** ein – etwa im Café 't Volkshuis *(siehe S. 93)*.

Nachmittag

Erkunden Sie das mittelalterliche Handelszentrum und folgen Sie vom **Markt** aus *(siehe S. 85)* der Vlamingstraat. Am **Beursplein** standen die Handelshäuser aus aller Welt – das der Genueser war die Nr. 33. Die erste Börse der Welt, **Huis ter Beurze**, befand sich in der Nr. 35 *(siehe S. 88)*. Folgen Sie der Academiestraat zum **Spiegelrei** *(siehe S. 88)*. Spazieren Sie ein wenig am Kanal Langerei entlang, der nach **Damme** *(siehe S. 63)* führt, wo man die Waren von den Schiffen auf Kanalboote lud. Der Rückweg führt durch die Sint-Jakobstraat mit einem Abstecher zum **'t Brugs Beertje** *(siehe S. 91)* mit riesiger Bierauswahl.

Fotos zu Brügge **www.virtualbruges.be**

Links **Minnewater – einst Hafen, jetzt hübscher See** Rechts **Diamantmuseum**

TOP 10 Dies & Das

1 Sint-Salvatorskathedraal
In der Kathedrale versammelte sich 1478 der Orden vom Goldenen Vlies. Die Wappen sind im Chor zu sehen. *Steenstraat • Karte K4 • Sa 9–10.15 Uhr & 14–17.45 Uhr, So–Fr 14–17 Uhr • frei*

2 Huisbrouwerij De Halve Maan
In der 1856 gegründeten Brauerei zeigt der Braumeister seine Kunst. *Walplein 26 • Karte K5 • (050) 33 26 97 • www.halvemaan.be • Führungen Apr–Okt: Mo–Fr 10–16 Uhr, Sa & So 10–17 Uhr; Nov–März: Mo–Fr 11–15 Uhr, Sa & So 11–16 Uhr • Eintritt*

3 Godshuis De Vos
Brügges Armenhäuser *(godshuizen)* erkennt man an den weißen Mauern, auf denen Namen und Daten verzeichnet sind. Dieses schöne *godshuis* stammt von 1643. *Noordstraat 2–8 • Karte K5*

4 Minnewater
Der romantische, baumgesäumte See entstand durch eine Schleuse im Fluss Reie – im Mittelalter war hier ein Hafen. *Karte K6*

5 Diamantmuseum, Brügge
Die Geschichte der Diamanten. *Katelijnestraat 43 • Karte K5 • (050) 34 20 56 • www.diamondhouse.net • tägl. 10.30–17.30 Uhr • Eintritt*

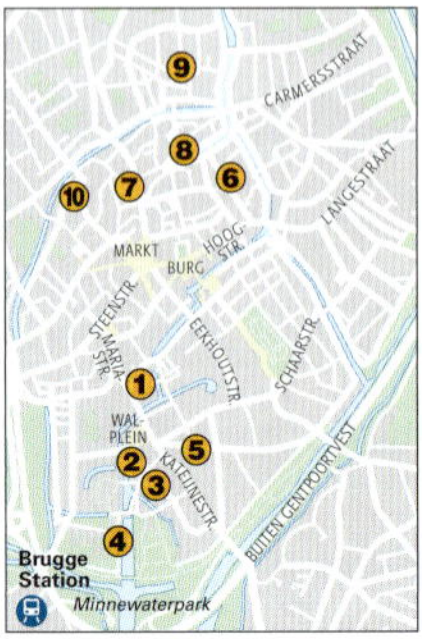

6 Sint-Walburgakerk
Die schöne Jesuitenkirche (1619–1643) mit der sehenswerten Holzkanzel ist eine Barocksymphonie aus schwarz-weißem Marmor. *Sint-Maartensplein • Karte L3 • Ostern–Sep: tägl. 20–22 Uhr • frei*

7 Huis ter Beurze
In dem rundum restaurierten ehemaligen Gasthaus befand sich im Mittelalter die erste Börse, in der die Händler Wechsel einlösten. *Vlamingstraat 35 • Karte K3*

8 Spiegelrei
Der hübsche Kanalabschnitt führte früher in das Stadtzentrum. Am Jan van Eyckplein 2 steht das alte Mauthaus; gegenüber trafen sich reiche Kaufleute in der Poortersloge. *Karte L3*

9 Sint-Gilliskerk
Das Schiff der schönen Pfarrkirche besitzt ein ungewöhnliches Tonnengewölbe. Hier liegt Hans Memlings letzte Ruhestätte. *Karte L2 • Mai–Sep: Mo–Sa 10–12 Uhr & 14–17 Uhr, So 11–12 Uhr & 14–17 Uhr • frei*

10 Sint-Jakobskerk
Brügges reichste Kirche schmücken schöne Gemälde und Grabplatten. *Karte K3 • Juli–Aug: Mo–Fr & So 14–17.30 Uhr, Sa 14–16 Uhr • frei*

Der friedliche Minnewater ist ein beliebter Ort zum Spazierengehen und Picknicken.

Links **Kantcentrum – ein Zentrum für Spitzenklöppelei** Rechts **Kruispoort**

TOP 10 Östliches Brügge: Sint-Anna

1 Onze-Lieve-Vrouw ter Potterie

Das charmante kleine Museum lockt mit Kostbarkeiten, Kuriositäten und einer Barockkapelle. *Potterierei 79 • Karte L1 • Di–So 9.30–12.30 Uhr & 13.30–17 Uhr • Eintritt*

2 Duinenbrug

Um die Boote nicht zu behindern, überspannten Brügges Kanäle kleine Zugbrücken. Diese ist ein Nachbau von 1976. *Karte L2*

3 Museum voor Volkskunde

Im Osten Brügges präsentiert das Volkskundemuseum seine faszinierende Sammlung historischer Artefakte in ehemaligen Armenhäusern. *Balstraat 43 • Karte L3 • Di–So 9.30–17 Uhr • Eintritt*

4 Sint-Annakerk

Die nach dem unsäglichen Wüten der Bilderstürmer elegant erneuerte, hübsche Kirche lockt mit meditativer Ruhe und barocken Zierelementen. *Karte L3 • Apr–Sep: Mo–Fr 10–12 Uhr & 14–16 Uhr, Sa 10–12 Uhr • frei*

5 Guido Gezelle-museum

In dem rustikalen Haus lebte der Priester Guido Gezelle (1830–1899), einer der beliebtesten holländisch-flämischen Schriftsteller. *Rolweg 64 • Karte M2 • Di–So 9.30–12.30 Uhr & 14–17 Uhr • Eintritt*

6 Schuttersgilde Sint-Sebastiaan

Im historischen Gildehaus der Bogenschützen befindet sich noch heute ein Schützenverein. *Carmersstraat 174 • Karte M2 • (050) 33 16 26 • Apr–Sep: Di–Do 10–12 Uhr, Sa 14–17 Uhr; Okt–März: Di–Do & Sa 14–17 Uhr • Eintritt*

7 Jeruzalemkerk & Kantcentrum

Eine echte Kuriosität: eine Privatkapelle aus dem 15. Jahrhundert, inspiriert durch Wallfahrten nach Jerusalem. Nebenan ist das Kantcentrum (Spitzenzentrum). *Peperstraat 3a • Karte L3 • Mo–Fr 10–12 Uhr & 14–18 Uhr, Sa 10–12 Uhr & 14–17 Uhr, So & Feiertage geschl. • Eintritt*

8 Windmühlen am Kruisvest

Zwei von Brügges verbliebenen vier Windmühlen (Sint-Janshuismolen und Koeleweimolen) können besichtigt werden. *Karte M2 • Mai–Sep: Di–So 9.30–12.30 Uhr & 13.30–17 Uhr • Eintritt*

9 Kruispoort

Eines der vier verbliebenen Stadttore. *Karte M3*

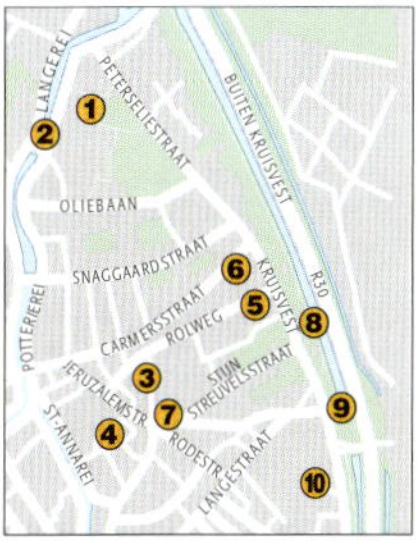

10 Muur der Doodgeschotenen

Eine Mauer mit Einschüssen gedenkt zwölf Männern, die im Ersten Weltkrieg von deutschen Soldaten exekutiert wurden. *Karte M3*

Mehr über die Kunst des Spitzenklöppelns
www.deutscher-kloeppelverband.de

Links **Chocoladehuisje – ein Haus voller Köstlichkeiten** Rechts **Samstagmorgenmarkt, 't Zand**

TOP 10 Läden & Märkte

1 Steenstraat & Zuidzandstraat
Mode, Schuhe Schokolade … In dem Shopping-Viertel zwischen Markt und 't Zand findet man (fast) alles. *Karte K4*

2 Zilverpand
Unter den Arkaden zwischen Zuidzandstraat und Noordzandstraat finden sich hauptsächlich Modeboutiquen. *Karte K4*

3 Chocoladehuisje
Die großen Namen unter Brügges unzähligen Schokoladenläden residieren in der Steenstraat und Zuidzandstraat. Das Chocoladehuisje lockt mit fantasievoll (und manchmal frivol) gestalteten Köstlichkeiten. *Wollestraat 15 • Karte K4*

4 Bottle Shop
Hier gibt es belgisches Bier, u. a. aus Brügges Brauereien De Gouden Boom und De Halve Maan. *Wollestraat 13 • Karte K4*

5 Little Lace Shop
1840 gab es ca. 10 000 Spitzenklöpplerinnen in Brügge – heute sind es nur noch wenige. Originale Spitze erhält man in Fachgeschäften wie diesem kleinen, 1923 gegründeten Laden. *Markt 11 • Karte K4*

6 Tintin Shop
Alle »Devotionalien« für Fans der Comics über Tim, der in Belgien Tintin heißt, und Struppi. *Steenstraat 3 • Karte K4*

7 Huis Van Loocke
Im malerischen Brügge bieten einige exzellente Läden alles, was das Künstlerherz begehrt. Das Huis Van Locke ist seit drei Generationen in Familienbesitz. *Philipstockstraat 24–26 • Karte L4*

8 Pollentier-Maréchal
Der schöne Laden verkauft alte Drucke, häufig Ansichten von Brügge. *Sint-Salvatorskerkhof 8 • Karte K5*

9 Märkte
Märkte finden vormittags an Markt (Mittwoch) und 't Zand (Samstag) statt. Der Markt ist zudem Standort des bezaubernden Weihnachtsmarkts. Flohmärkte gibt es am Wochenende am Dijver und Vismarkt (nachmittags). *Karte J4, K4, L4*

10 Supermärkte
Große Supermärkte (etwa Louis Delhaize) gibt es in den Vororten, ein paar kleinere (z. B. Profi) findet man in der Stadt. *Oude Burg 22 • Karte K4*

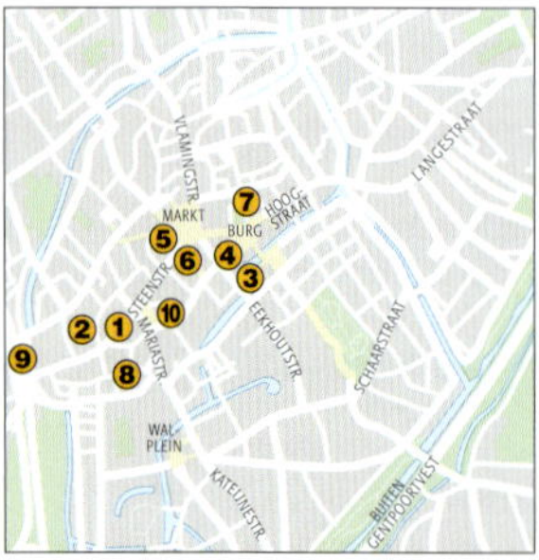

Für Tintin-Liebhaber **www.tintin-fan.de & www.herge.de**

Links **De Proeverie – heiße Schokolade vom Chocolatier** Rechts **Café Vlissinghe**

TOP 10 Cafés, Teesalons & Bars

1 De Garre
In der berühmten alten *estaminet* (Kneipe) am Anfang einer gemütlichen Gasse serviert man auch kleine Imbisse.
De Garre 1 (ab Breidelstraat) • Karte K4

2 Café Vlissinghe
In Brügges angeblich ältestem Lokal (1515) traf sich Van Dyck mit Brügger Malern. Hier gibt es leichtes Essen und einen Boule-Platz im Garten. *Blekerstraat 2 • Karte L3 • Mo & Di geschl.*

3 De Proeverie
Das hübsche kleine Café gehört dem gegenüber residierenden Chocolatier. Spezialität: heiße Schokolade!
Katelijnestraat 6 • Karte K5

4 La Plaza
Die schicke Café-Bar mit nicht minder schickem Publikum bietet Drinks, Cocktails und köstliche leichte Mahlzeiten.
Kuipersstraat 13 • Karte K3

5 The Coffee Link
Die Rechner in diesem großen Internet-Café im mittelalterlichen Sint-Janshospitaal flimmern zwischen poliertem Holz und Messing im »Kolonialstil«. *Oud Sint-Jan, Mariastraat 38 • Karte K5*

6 Café »De Versteende Nacht«
In Brügges spärlichem Nachtleben bietet das Jazzcafé nettes Publikum und solide Küche. *Langestraat 11 • Karte L3 • (050) 34 32 93*

7 Joey's Café
Witzige Café-Bar mit schummerigen Ecken und gemütlichen Stühlen. Gelegentlich kostenlose Konzerte. *Zilverpand (nahe Zuidzandstraat) • Karte K4*

8 't Brugs Beertje
Das großartige Bierlokal serviert 300 Sorten Gerstensaft – das Personal steht mit Rat und Tat zur Seite. Für Interessierte gibt es Bierseminare. *Kemelstraat 5 • Karte K4 • Mi geschl.*

9 Lokkedize
Legeres Lokal mit gutem Bier, Vollwert-Snacks und -Gerichten. Es gibt regelmäßig Jazz- und andere Konzerte. *Korte Vuldersstraat 33 • Karte K5 • (050) 33 44 50 • Mo & Di geschl.*

10 In de Plantenmarkt
Ganz in der Nähe vom Markt, mitten in der Brügger Innenstadt, liegt diese traditionelle Bar, die vor allem bei den Einheimischen sehr beliebt ist. *Sint-Amandsstraat 2 • Karte K4*

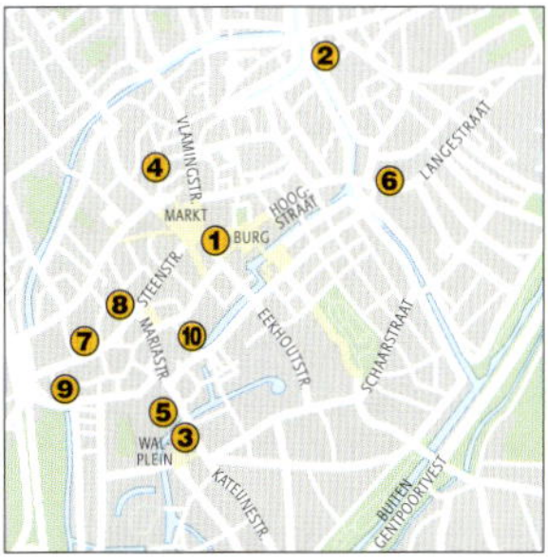

Mehr über belgische Schokolade **siehe S. 54f, S. 120**

Links **'t Voermanshuys – in alten Ziegelgewölben** Rechts **Manoir Red**

TOP 10 Restaurants

1 De Karmeliet
Das Lokal zählt mit drei Michelin-Sternen zu Belgiens Spitzenrestaurants. *Langestraat 19 • Karte L3 • (050) 33 82 59 • So & Mo geschl. • €€€€€*

2 Patrick Devos »De Zilveren Pauw«
Das wegen seiner kreativen Küche berühmte Restaurant von Patrick Devos residiert in einem eleganten Belle-époque-Haus. *Zilverstraat 41 • Karte K4 • (050) 33 55 66 • Sa mittags & So geschl. • €€€€€*

3 't Voermanshuys
Hier speist man bei Kerzenschein. Chef Johan Nelissen war zweimal bester Koch Flanderns. *Oude Burg 14 • Karte K4 • (050) 33 71 72 • Mo & Di geschl. • €€€€*

4 Den Gouden Karpel
Hervorragendes Fischrestaurant am Vismarkt (Fischmarkt) mit exzellentem Fischgeschäft *(traiteur)*. *Huidenvettersplein 4 • Karte L4 • (050) 33 34 94 • Mo geschl.• €€€*

5 Manoir Red
Das Hotelrestaurant *(siehe S. 127)* lockt mit Terrasse und Garten. *Nieuwe Gentweg 53 • Karte L5 • (050) 33 70 70 • 12–14.30 & 19–21 Uhr, Mo & Di mittags geschl. • €€€€€*

6 Rock Fort
In dem alten Haus mit klarem, modernem Interieur kreiert ein junges Team moderne Gerichte. *Langestraat 15 • Karte L3 • (050) 33 41 13 • Sa & So mittags geschl. • €€€€*

7 Den Dyver
In diesem Bierparadies werden alle Gerichte mit belgischem Bier gekocht und zu ausgewählten Biersorten serviert. *Dijver 5 • Karte L4 • (050) 33 60 69 • Mi & Do mittags geschl. • €€€€*

8 Den Amand
Dieses kleine Restaurant im mediterranen Stil bietet kreative, international inspirierte Küche. *Sint-Amandsstraat 4 • Karte K4 • (050) 34 01 22 • So & Mo geschl. • €€*

9 't Begijntje
Das freundliche Restaurant (auch Teesalon) ist bei den Einheimischen beliebt. Die Fischsuppe schmeckt großartig. *Walstraat 11 • Karte K5 • (050) 33 00 89 • Di & Mi geschl. • €€*

10 T'kachot
Das kleine, beschauliche Restaurant serviert Erstklassiges mit großer Kunstfertigkeit. *Gevangenisstraat 1 • Karte L4 • (050) 33 79 97 • Mi & Do mittags geschl. • €€€*

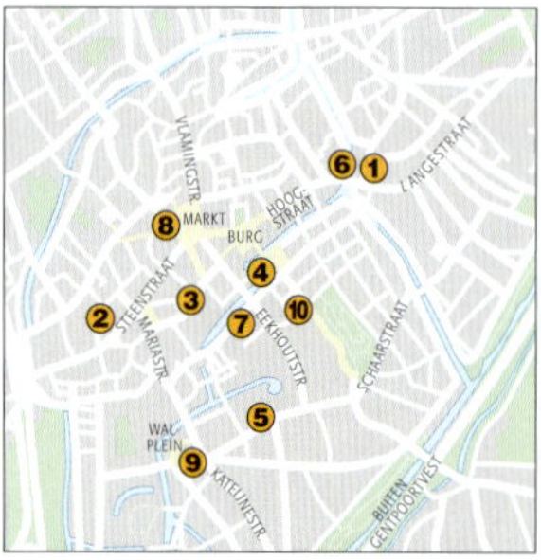

Wenn nicht anders angegeben, akzeptieren alle Restaurants Kreditkarten, bieten Vegetarisches und sind für Rollstühle zugänglich.

'**t Nieuw Museum – hier wird das Fleisch traditionell auf offenem Feuer gebraten**

Preiskategorien

Preis für ein Drei-Gänge-Menü pro Person mit einer halben Flasche Wein, inkl. Steuern und Service.		
	€	unter 30 €
	€€	30–40 €
	€€€	40–50 €
	€€€€	50–60 €
	€€€€€	über 60 €

TOP 10 Brasserien & Bistros

1 Café 't Volkshuis
Traditionelles Café-Lokal mit exzellentem Preis-Leistungs-Verhältnis, vor allem beim Mittagessen. Beliebt sind die Gesangsabende. *Braambergstraat 11 • Karte L4 • Do geschl. • €*

2 Het Dagelijks Brood
Auf Französisch »Le Pain Quotidien«. Filiale einer Kette mit Vollwert-Sandwiches, knusprigem Brot, Gebäck und anderen Snacks. *Philipstockstraat 21 • Karte K4 • Di geschl. • €*

3 Taverne De Verloren Hoek
Das angenehme, freundliche Traditionslokal heißt nach seiner Lage an der »letzten Ecke« im östlichen Brügge. *Carmerstraat 178 • Karte M2 • Di, Mi geschl. • €*

4 De Belegde Boterham
Nomen est omen: Hier serviert man belegte Brote, aber auch Suppen, Salate und Kuchen. *Kleine Sint-Amandsstraat 5 • Karte K4 • So geschl. • €*

5 Salade Folle
Das beliebte Lokal serviert leichte Gerichte, hausgemachte Kuchen, Pfannkuchen und Waffeln. Mittags kommt man am besten frühzeitig. *Walplein 13–14 • Karte K5 • (050) 34 94 43 • Mo–Di 11–18 Uhr, Do–So 11–22 Uhr, Mi geschl. • €*

6 Frituur De Vier Winden
Schon seit 1896 steht auf dem Markt ein *patatzaak* (Pommes-frites-Stand). Hier gibt es herrlich krosse Fritten (natürlich mit Mayonnaise) und verschiedene Beilagen. *Markt (vor dem Belfort) • Karte K4 • €*

7 Bistro de Eetkamer
Das zurückhaltend elegante, sehr beliebte Bistro steht dank preiswerter, guter Küche bei den strengen Brüggern hoch im Kurs. *Eeekhoutstraat 6 • Karte L4 • (050) 33 78 86 • Mi & Do geschl. • €€€€*

8 't Nieuw Museum
In dem Familienbetrieb brät man abends das Fleisch auf offenem Feuer im Kamin (17. Jh.) – eine köstliche, elementare Erfahrung. *Hooistraat 42 • Karte M4 • (050) 33 12 80 • Di & Mi geschl. • €€*

9 Gran Kaffee de Passage
Das einfache, von Kerzen erhellte Ambiente liefert den Rahmen für gutes Bier und belgische Hausmannskost. *Dweersstraat 26 • Karte K4 • (050) 34 02 32 • €*

10 Het Andere Idee
Gemütliches »Pasta-Bistro«, preiswert, beliebt bei den Brüggern. *Hauwerstraat 9 • Karte J5 • (050) 34 17 89 • Mo & Di geschl. • €*

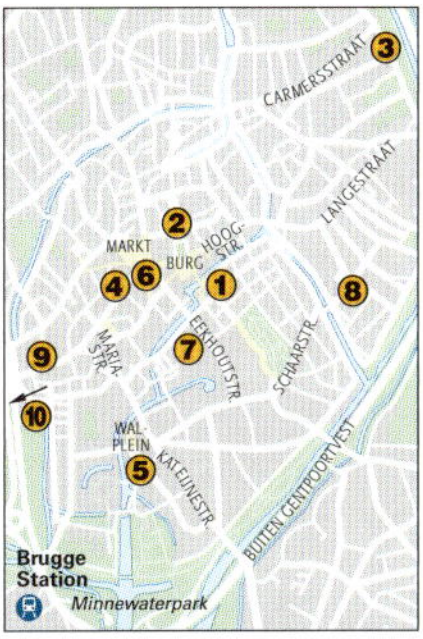

Rezepte für belgische Gerichte **www.chefkoch.de/kochbuch/172/belgien-rezepte.html**

Links **Anbetung des Lamms (Mittelbild), Hubert und Jan van Eyck** Rechts **Graslei**

Gent

GENT WARTET WIE BRÜGGE *mit mittelalterlichen Bauten auf. Es ist stolz auf seine reichen Kunstschätze, die aus einer Zeit stammen, als die Stadt ein halbautonomes, blühendes Handelszentrum war. In den ruhigen Wassern der Kanäle spiegelt sich die jahrhundertealte Silhouette der Stadt – die Stufengiebel der alten Gildehäuser und die hohen Türme. Im Gegensatz zu Brügge schaffte das damals bereits wohlhabende Gent auch den Sprung in die Moderne: Im frühen 19. Jahrhundert stieg es zu Belgiens erster Industriestadt auf. Außerdem ist Gent Sitz einer großen, berühmten Universität. Diesen Faktoren verdankt die Stadt eine lebhafte, frische und jugendliche Atmosphäre. Gent bietet großartige, elegante Bauten wie die Kathedrale, die Theater und die Oper, die Gemütlichkeit mittelalterlicher Stadtanlagen sowie Europas größte Fußgängerzone. Die bei vielen Besuchern beliebteste Stadt Flanderns kann hervorragend zu Fuß erkundet werden.*

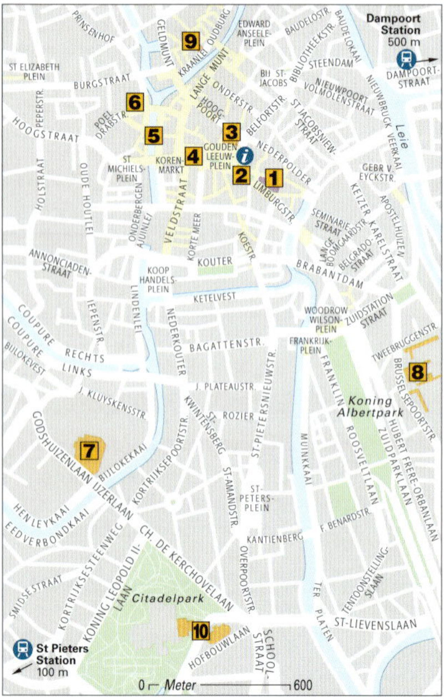

Sint-Niklaaskerk

Top 10 Attraktionen

1. Sint-Baafskathedraal
2. Belfort
3. Stadhuis
4. Sint-Niklaaskerk
5. Graslei & Korenlei
6. Design Museum Gent
7. Bijlokemuseum
8. Klein Begijnhof
9. Het Huis van Alijn
10. Museum voor Schone Kunsten & SMAK

Informationen über Gent **www.gent.be**

1 Sint-Baafskathedraal

Die Kathedrale ist nach dem hl. Bavo oder Bavon aus dem 7. Jahrhundert benannt. Der überwiegend gotische Bau wurde im 10. Jahrhundert begonnen und im 16. Jahrhundert fertiggestellt. Im düsteren Innenraum prangt eine grandiose Barock-Rokoko-Kanzel aus Eiche und Marmor (1741–1745). Größter Schatz der Kathedrale ist das aus mehreren Tafeln bestehende Altarbild *Anbetung des Lamms,* das Hubert und Jan van Eyck im 15. Jahrhundert schufen *(siehe S. 26f). ⊗ Sint-Baafsplein • Karte Q2 • (09) 269 20 45 • Apr–Okt: Mo–Sa 8.30–18 Uhr, So 9.30–18 Uhr; Nov–März: Mo–Sa 8.30–17 Uhr, So 9.30–17 Uhr • Eintritt (nur Altarbild)*

2 Belfort

Der mit einem vergoldeten Drachen gekrönte, 91 Meter hohe Glockenturm ist ein Genter Wahrzeichen. 1380/81 erbaut, diente er jahrhundertelang als Wach- und Glockenturm. Die 52 Glocken des Glockenspiels werden für Konzerte eingesetzt. Lift nach oben vorhanden. *⊗ Emile Braunplein • Karte Q2 • 15. Apr–15. Nov: tägl. 10–13 Uhr & 14–18 Uhr • Eintritt*

Thronsaal im Stadhuis

Sint-Baafskathedraal

3 Stadhuis

Im imposanten Rathaus spielten sich einige bedeutende Ereignisse in der Stadtgeschichte ab. Die Ratssäle dienen noch heute für Sitzungen. Sie stammen teilweise aus dem 15. Jahrhundert, andere wurden bei Renovierungen nach 1870 umgebaut. *⊗ Botermarkt 1 • Karte Q2 • Juni–Okt: Mo–Do 14 Uhr (nur Führungen, Information im Belfort) • Eintritt*

4 Sint-Niklaaskerk

Der hl. Nikolaus, Bischof von Myra, ist der Schutzpatron der Kaufleute – und diese Kirche deren Gotteshaus. Der Bau aus dem 13. bis 15. Jahrhundert ist Belgiens schönstes Gebäude im Stil der strengen Schelde-Gotik. *⊗ Cataloniëstraat • Karte Q2 • Di–So 10–17 Uhr, Mo 14–17 Uhr • frei*

5 Graslei & Korenlei

An Graslei und Korenlei legen die Boote für Fahrten auf dem Kanal ab. Die beiden Kais säumen mit Stufengiebeln verzierte Gildehäuser (12. Jh.) der Händler und Kaufleute. Die Brücke Sint Michielsbrug am Südende bietet einen herrlichen Blick auf die Stadt. *⊗ Karte P2*

Weitere Infos zu Genter Sehenswürdigkeiten
www.flandern.co.at/gen.asp

6 Design Museum Gent

Dieses Museum ist Pflicht für alle, die sich für Möbel, Dekor und Innenausstattung interessieren. Die Ausstellungen in einer Villa aus dem 18. Jahrhundert mit einem kompromisslos modernen Anbau führen Sie auf eine Reise durch die verschiedenen europäischen Stile vom 17. Jahrhundert bis heute. Besonders sehenswert ist die Art-nouveau-Sammlung mit Arbeiten von Horta, Gallé und Lalique.

Jan Breydelstraat 5 • Karte P1 • (09) 267 99 99 • http://design.museum.gent.be • Di–So 10–18 Uhr • Eintritt

Design Museum Gent

7 Bijlokemuseum

Die Abdij van de Bijloke, ein altes, großes Zisterzienserkloster mit Hospital, bietet das ungewöhnliche Ambiente für eine bunte Sammlung historischer Artefakte. Zwischen Kreuzgängen und Schlafsälen sieht man chinesische Keramiken, mittelalterliche Gräber, Geschirr, Freimaurer-Regalien, Modelle von Kriegsschiffen, ein Louis-XIV-Zimmer und historische Trachten. Die meisten Bauten der im Mittelalter gegründeten Abtei stammen aus dem 17. Jahrhundert. *Godshuizenlaan 2 • Karte P4 • (09) 225 11 06 • wegen Renovierung bis 2009 geschl.*

Gent & Karl V.

Karl V. (1500–1558), Kaiser des Hl. Römischen Reiches, König von Spanien, Herrscher über fast ganz Europa und die Neue Welt, wurde in Gent geboren und in der Sint-Baafskathedraal mit großem Pomp getauft. Die Liebe der Genter zu ihrem Herrscher kühlte jedoch rasch ab, als er sie mit maßlosen Steuern quälte. Nach einer misslungenen Revolte 1540 wurden deren Anführer gehenkt. Seitdem heißen die Genter auch *stroppendragers* (Strangträger), was stolz als Zeichen eines unabhängigen Geistes gesehen wird.

8 Klein Begijnhof

Der weitaus schönste der drei Genter Beginenhöfe *(béguinages, siehe S. 86)* ist mit Stufengiebeln, weiß gekalkten Hausmauern, einem kleinem Park und Barockkirche ein typisches Beispiel seiner Art. Er wurde von der UNESCO zum Welterbe erklärt. Der Beginenhof wurde um 1235 für eine Gemeinschaft alleinstehender Frauen gegründet und war seitdem immer bewohnt. Heute leben hier jedoch keine *béguines* mehr. Die meisten erhaltenen Häuser stammen aus dem 17. Jahrhundert. *Lange Violettestraat 205 • Karte R4 • tägl. 6–22 Uhr (oder bis zur Abenddämmerung) • frei*

9 Het Huis van Alijn

Nördlich des Stadtzentrums erstrecken sich die mittelalterlichen Straßen und Gassen des malerischen Patershol-Viertels. Hier steht eines der besten Volkskundemuseen Belgiens, das frühere Museum voor Volkskunde. Seine riesigen, faszinierenden Sammlungen – Spielzeug, Schuhe, Geschirr, ganze Läden und Werkstätten – werden in ehemaligen Armenhäusern präsentiert, die einen Hof säumen.

Die Anlage wurde 1363 als Kinderkrankenhaus gegründet. Dies war jedoch weniger ein Akt der Nächstenliebe, sondern vielmehr die Buße für den Mord an zwei Mitgliedern der Familie Alijn.

Kraanlei 65 • Karte Q1 • (09) 269 23 50 • Di–Sa 11–17 Uhr, So 10–17 Uhr • Eintritt

10 Museum voor Schone Kunsten (MSK) & SMAK

Gents führende Kunstmuseen sind vom Stadtzentrum aus in wenigen Minuten mit Straßenbahn oder Bus zu erreichen. Schwerpunkt des Museum voor Schone Kunsten (MSK) ist die Kunst vom Mitteralter bis zum frühen 20. Jahrhundert. Zu bewundern sind großartige Werke von berühmten Künstlern wie Hieronymus Bosch, Rogier van der Weyden und Hugo van der Goes. Das gegenüber dem Museum voor Schone Kunste liegende Stedelijk Museum voor Actuele Kunst (SMAK) ist der modernen Kunst gewidmet. Seine aufsehenerregenden, oft auch provokanten Dauer- und Wechselausstellungen katapultierten das SMAK in die Avantgarde der modernen europäischen Kunstsammlungen.

Citadelpark • Karte Q6 • MSK: (09) 240 07 00, www.mskgent.be • SMAK: (09) 222 17 03, www.smak.be, Di–So 10–18 Uhr • Eintritt

Museum voor Schone Kunsten

Ein Tag in Gent

Vormittag

Das **SMAK** und das **Museum voor Schone Kunsten** *(siehe links)* bieten ein aufregendes Kontrastprogramm aus klassischer Kunst und Provokation. Am besten beginnt man mit dem Museumsbesuch am Vormittag (Achtung: Mo geschl.). Nehmen Sie die Tram Nr. 1 bzw. Nr. 10 vom Korenmarkt zur Charles de Kerchovelaan, und spazieren Sie von dort durch den **Citadelpark** zu den Museen. Für eine Erholungspause bietet sich das Café des SMAK an. Das Mittagessen nehmen Sie dann im Stadtzentrum ein. Gleich weit vom Korenmarkt entfernt liegen zwei verlockende, sehr unterschiedliche Lokale: das dynamische **Pakhuis** *(siehe S. 99)*, und das mittelalterliche **Groot Vleeshuis** *(siehe S. 98)*.

Nachmittag

Bestaunen Sie in der **Sint-Baafskathedraal** die **Anbetung des Lamms** *(siehe S. 26f)*, und genießen Sie auf dem **Belfort** *(siehe S. 95)* den Blick auf die Stadt. Zurück am Korenmarkt besichtigen Sie die **Sint-Niklaaskerk** *(siehe S. 95)* und gehen weiter zu **Graslei** und **Korenlei** *(siehe S. 95)*, wo Sie eine Kanalfahrt machen können. Vom Korenlei folgen Sie der Jan Breydelstraat und biegen rechts in die Rekelingestraat ein, die zur »Grafenburg« **Gravensteen** führt. Überqueren Sie die Zuivelbrug, und folgen Sie der Meerseniersstraat zum **Vrijdagmarkt**. Dort genießen Sie bei **Dulle Griet** *(siehe S. 98)* ein Bier – und Pommes mit Mayonnaise bei **Frituur Jozef** *(siehe S. 99)*.

Weitere Kunstsammlungen **siehe S. 34f**

Links **'t Dreupelkot – hier wird *jenever* serviert** Rechts **Groot Vleeshuis**

TOP 10 Läden, Cafés & Bars

1 Mageleinstraat & Koestraat
Gent rühmt sich der größten Fußgängerzone Europas, in der man fantastisch shoppen kann. Die meisten Filialen verschiedener Ketten findet man in der Veldstraat und Lange Munt; charmanter sind die ruhige Mageleinstraat und die Koestraat. *Karte Q2*

2 Post Plaza
Das prächtige neogotische ehemalige Postamt wurde geschickt in ein modernes, hochwertiges Shopping-Center umgebaut. *Korenmarkt 16 • Karte Q2*

3 De Maecht van Ghent
Die fröhliche Mischung aus Lokal, Café und Brasserie in einem schönen Giebelhaus (17. Jh.) lockt ein buntes Publikum an. *Korenmarkt 5 • Karte Q2*

4 Dulle Griet
Eine der berühmten »Bierakademien« Belgiens – hier gibt es 250 Biersorten. Wer das in einem besonderen Bierglas servierte *Kwak* trinkt, muss einen Schuh als Pfand in einen Korb legen. *Vrijdagmarkt 50 • Karte Q1*

5 Pole Pole
Eine nur abends geöffnete mexikanisch-afrikanische Cocktailbar. Der in Afrika weit verbreitete Spruch *pole pole* bedeutet: »Nimm's leicht«. *Lammerstraat 8 • Karte Q3*

6 't Dreupelkot
Die gemütliche Uferbar serviert nur *jenever*, eine Art Gin, der hier zum Teil mit Obst, Vanille oder Schokolade aromatisiert wird. *Groentenmarkt 12 • Karte Q1*

7 Groot Vleeshuis
Restaurant und Feinkostladen des Zentrums für die Küche Ostflanderns liegen in einem mittelalterlichen Schlachthaus. *Groentenmarkt 7 • Karte Q1 • (09) 223 23 24 • Restaurant Mo geschl. • €*

8 Brooderie
Das rustikale Lokal bietet Sandwiches, leichte vegetarische Küche und den steten Duft frisch gebackenen Brots. *Jan Breydelstraat 8 • Karte P1 • Mo geschl.• €*

9 Foyer
Zentral gelegene, angesagte Bar auf zwei Ebenen. Leichte Gerichte – und bewusst keine Pommes frites! *Belfortstraat 39, Ecke Kammerstraat 22 • Karte Q2*

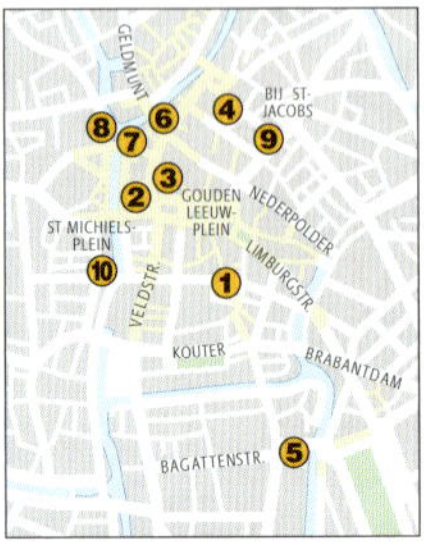

10 Het Brood-Huys
Das freundlliche Café (auch Teestube) offeriert Vollwertbrot und -gebäck. Hier gibt es Frühstück, leichte Mittagsgerichte und Tee. *Jakobijnenstraat 12 • Karte P2 • Mo geschl. • €*

Informationen zum berühmten jenever *finden Sie unter* **www.seburch.nl/duits/jenever.htm**

The House of Eliott – exzentrisches Lokal mit Blick auf den Kanal

Preiskategorien

Preis für ein Drei-Gänge-Menü pro Person mit einer halben Flasche Wein, inkl. Steuern und Service.	€	unter 30 €
	€€	30–40 €
	€€€	40–50 €
	€€€€	50–60 €
	€€€€€	über 60 €

TOP 10 Restaurants

1 Afa
Ein buntes, lebhaftes Restaurant mit quirliger Atmosphäre und international angehauchter Speisekarte. *Korte Meer 25 • Karte Q3 • (09) 224 18 05 • So geschl. • keine Kreditkarten • €€*

2 Patyntje
Das schöne Haus im Kolonialstil an der Leie lohnt die »Reise« in die Vorstadt. Exquisite französisch-belgische Küche mit asiatischen Anklängen. *Gordunakaai 91 • (09) 222 32 73 • €€€*

3 Brasserie Pakhuis
Das vom berühmten Restaurant-Designer Antoine Pinto umgebaute Lagerhaus ist riesig und sehr beliebt (reservieren!). *Schuurkenstraat 4 • Karte P2 • (09) 223 55 55 • So geschl. • €€€*

4 Keizershof
Das Lokal in einem modern umgebauten Gebäude serviert traditionelle belgische Gerichte. *Vrijdagmarkt 47 • Karte Q1 • (09) 223 44 46 • So & Mo geschl. • €€*

5 Eetcafé De Beurs
Der renovierte Konzertsaal Handelsbeurs (um 1730) ist heute wieder ein wichtiger Veranstaltungsort mit herrlich großem Café. *Kouter 29 • Karte Q3 • (09) 265 91 81 • So abends, Mo geschl. • €€*

6 Eat@café
Wie der Name andeutet: supermodern in Schwarz-Weiß und Chrom eingerichtet. Drinks und gute, leichte Mahlzeiten. *Vlaanderenstraat 129 • Karte R3 • (09) 233 36 00 • €€*

7 Coeur d'Artichaut
Zurückhaltende Eleganz in einer alten Villa mit Veranda. Leichte, internationale Vollwertküche auf hohem Niveau. *Onderbergen 6 • Karte P2 • (09) 225 33 18 • So & Mo geschl. • €€€*

8 Theatercafé De Foyer
Die exzellente Brasserie hat eine fantastische Lage im ersten Stock des großartigen Theaters Koninklijke Nederlandse Schouwburg (19. Jh.) – mit Balkonblick zur Sint-Baafskathedraal. Nachmittags gibt es Crêpes und Waffeln, sonntags ein Brunch-Büfett. *Sint-Baafsplein 17 • Karte Q2 • (09) 225 32 75 • €€*

9 The House of Eliott
Fröhliches Restaurant in pseudo-edwardianischem Stil mit Blick auf den Kanal. *Jan Breydelstraat 36 • Karte P1 • (09) 225 21 28 • Di, Mi geschl. • €€€€*

10 Frituur Jozef
Der alteingesessene Pommes-frites-Stand serviert *fritjes* mit allen Zutaten. *Vrijdagmarkt • Karte Q1*

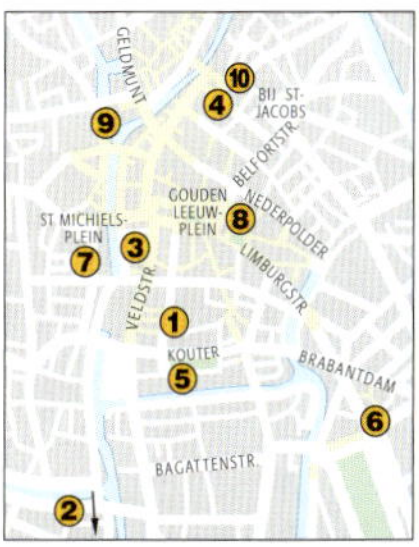

Wenn nicht anders angegeben, akzeptieren alle Restaurants Kreditkarten, bieten Vegetarisches und sind für Rollstühle zugänglich.

Links **Koninklijk Museum voor Schone Kunsten** Rechts **Rubenshuis**

Antwerpen

DAS AN DER SCHELDE, *dem Tor zur Nordsee, gelegene Antwerpen ist eines der wichtigsten Handelszentren Nordeuropas. Zugleich besitzt es eine große Vergangenheit als Kulturzentrum des frühen 17. Jahrhunderts. Antwerpen erlebte auch dunkle Zeiten: Die Erschütterungen durch die Religionskriege im 16. Jahrhundert, den Verlust des Nordseezugangs von 1648 bis 1795 durch einen Vertrag mit den Niederlanden, die Bombardierungen im Zweiten Weltkrieg. Die historischen Wechselfälle verliehen der Stadt jedoch gleich ihren berühmten Diamanten kühnen Schliff und dynamische Energie.*

TOP 10 Attraktionen

1. Grote Markt
2. Onze-Lieve-Vrouwe-kathedraal
3. Rubenshuis
4. Koninklijk Museum voor Schone Kunsten
5. Nationaal Scheepvaart-museum
6. Museum Plantin-Moretus
7. Vleeshuis
8. Sint-Jacobskerk
9. Rockoxhuis
10. Museum Mayer van den Bergh

Brabo-Statue, Grote Markt

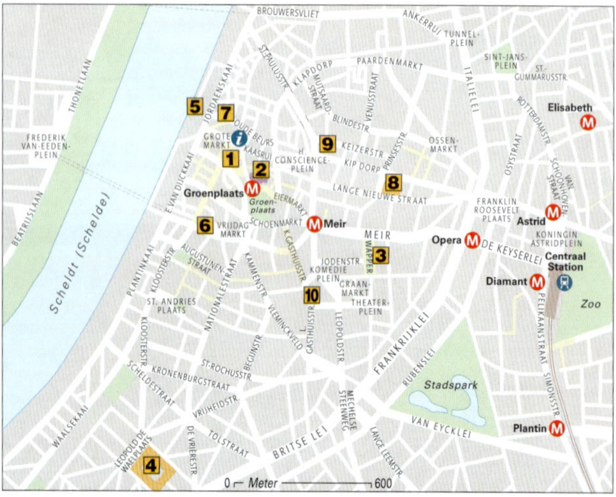

Vorhergehende Doppelseite **Auswahl an belgischer Schokolade**

Grote Markt

1 Grote Markt

Antwerpens Grote Markt zählt zu den »Goldenen Plätzen« Belgiens. Aus der »Hundebeinform« und der Neigung des Platzes machten die Bürger eine Tugend und platzierten den aufsehenerregenden Brunnen des Bildhauers Jef Lambeaux (1852–1908), dessen Wasser direkt auf das Pflaster plätschert, dezentral. Die Brunnenfigur stellt den legendären römischen Soldaten Brabo dar, der die Stadt vom Riesen Antigonius befreite und dessen abgetrennte Hand in den Fluss warf – daher der Name Antwerpen *(hand-werpen)*. Dominantes Bauwerk des Platzes ist das italienisch beeinflusste Stadhuis (Rathaus, um 1560), dessen geschwungenes Dach an ein Lächeln erinnert. *Karte T1 • Stadhuis: nur Führungen (bei der Information am Grote Markt 13 nachfragen) • Eintritt*

2 Onze-Lieve-Vrouwekathedraal

Die gigantische gotische Kathedrale besitzt großartige Werke von Rubens *(siehe S. 28f)*.

3 Rubenshuis

Das Heim und Atelier des genialen Malers bietet die seltene Gelegenheit, ein Patrizierhaus des 17. Jahrhunderts zu besichtigen *(siehe S. 30f)*.

4 Koninklijk Museum voor Schone Kunsten

Antwerpens Kunstmuseum muss den Vergleich mit seinem Brüsseler Gegenstück nicht scheuen, präsentiert es doch die ganze Bandbreite der flämischen »Primitiven« wie Jan van Eyck, Rogier van der Weyden und Hans Memling sowie die Symbolisten James Ensor und Rik Wouters. Ein besonderer Schwerpunkt liegt auf den Werken von Rubens, Jordaens und Van Dyck. Den großartigen neoklassizistischen Museumsbau erreicht man vom Zentrum aus mit der Tram (oder zu Fuß in 20 Minuten). *Leopold De Waelplaats • Karte S3 • (03) 238 78 09 • Di–Sa 10–17 Uhr, So 10–18 Uhr, Feiertage geschl. • Eintritt (letzter Mi im Monat frei)*

5 Nationaal Scheepvaartmuseum

Das Schifffahrtsmuseum dokumentiert Antwerpens Verbundenheit mit dem Meer. Zu sehen sind Modelle, Karten, Boote und Artefakte. *Steenplein 1 • Karte T1 • (03) 201 93 40 • Museum: Di–So 10–17 Uhr, Feiertage geschl. • Maritime Park: tägl. Ostern–Ende Okt • Eintritt*

Nationaal Scheepvaartmuseum

Museum Plantin-Moretus

6 Museum Plantin-Moretus

1546 kam der französische Buchbinder Christopher Plantin (um 1520–1589) nach Antwerpen und eröffnete dort eine eigene Druckerei. Sie entwickelte sich zu einem der einflussreichsten Verlage der Spätrenaissance, der u. a. Bibeln, Karten und wissenschaftliche Bücher veröffentlichte. Das Museum besteht hauptsächlich aus der Werkstatt sowie dem Haus Plantins und seiner Nachkommen. Es beherbergt eine große Sammlung seltener und wertvoller Bücher mit wunderschönen Illustrationen. Zudem werden die Verfahren des alten Buchdrucks erklärt. Übrigens: Die nach Plantin benannte Schriftart wird auch heute noch häufig benutzt. *Vrijdagmarkt 22 • Karte T2 • (03) 221 14 50 • Di–So 10–17 Uhr, Mo & Feiertage geschl. • Eintritt (letzter Mi im Monat frei)*

Die Schelde

Alt-Antwerpen liegt am Ostufer der träge dahinfließenden Schelde. Die über Tunnel erreichbaren modernen Vorstädte am Westufer scheinen weit entfernt zu sein. Die Schelde ist so tief, dass an den Docks im Norden der Stadt große Schiffe anlegen können. Dank diesem »Tor zur Nordsee« stieg Antwerpen zum zweitgrößten Hafen Europas auf.

7 Vleeshuis

Mit seinen Türmen, Türmchen und gotischen Elementen zählt das »Fleischhaus« mit zu den schönsten und merkwürdigsten Bauten Antwerpens. Das heutige Museum, das 1501–1504 als Gildehaus der Metzger und als Fleischmarkt erbaut wurde, ist der musikalischen Geschichte der Stadt gewidmet. Historische Musikinstrumente aller Art sind hier ausgestellt. Zu bewundern sind beispielsweise seltene Cembali der berühmten Familie Ruckers, Manuskripte und sogar eine Glockengießerei. *Vleeshouwersstraat 38–40 • Karte T1 • (03) 233 64 04 • Di–So 10–17 Uhr • Eintritt (letzter Mi im Monat frei)*

Vleeshuis – mittelalterliches Gildehaus

8 Sint-Jacobskerk

Von allen Kirchen Antwerpens ist die Jakobskirche am reichsten ausgestattet. Hier liegt auch das Grab von Rubens. Die spätgotische Kirche wurde im 15. und 16. Jahrhundert von den Baumeistern der Kathedrale errichtet. Sie beherbergt Arbeiten führender Bildhauer des 17. Jahrhunderts wie Lucas Faydherbe, Artus Quellinus und Hendrik Verbruggen sowie Malereien von Rubens, Jordaens und Van Dyck.

Informationen zum Museum Plantin-Moretus
http://museum.antwerpen.be/plantin_moretus/

Lange Nieuwstraat 73–75 • Karte U2 • (03) 232 10 32 • 1. Apr–31. Okt: Mo, Mi–So 14–17 Uhr, Di geschl. • Eintritt

9 Rockoxhuis

Ein Paradebeispiel für die anmutige Eleganz des Patrizierstils im 17. Jahrhundert. In mehreren Räumen werden schöne Möbel, wertvolle Gemälde und kunstvolle Artefakte gezeigt. Das Haus ist nach seinem früheren Besitzer benannt, dem Stadtoberen Nicholas Rockox (1560–1640). Der Philanthrop Nicholas Rockox war ein Freund, Bewunderer und Mäzen Rubens'. Zu bewundern sind Gemälde und Zeichnungen von Rubens, Jordaens und Van Dyck sowie von Frans Snyders (1579–1657), der in dem Haus gleich nebenan lebte.

Keizerstraat 12 • Karte U1 • (03) 201 92 50 • Di–So 10–17 Uhr • Eintritt (letzter Mi im Monat frei)

10 Museum Mayer van den Bergh

Fritz Mayer van den Bergh (1858–1891) war ein begeisterter Kunst- und Kuriositätensammler. Nach seinem frühen Tod gründete seine Mutter ein Museum für dessen Sammlung von Tapisserien, Möbeln, Elfenbein, Buntglas, Gemälden und Münzen (etwa 5000 Objekte).

Lange Gasthuisstraat 19 • Karte T2 • (03) 232 42 37 • Di–So 10–17 Uhr • Eintritt (letzter Mi im Monat frei)

Museum Mayer van den Bergh

Ein Tag in Antwerpen

Vormittag

Die gemütliche Tagestour führt zu den wichtigsten Sehenswürdigkeiten, aber auch zu den besten Shopping-Meilen Antwerpens. Bummeln Sie zuerst vom **Vleeshuis** zum alten Zentrum – dem **Grote Markt** *(siehe S. 103)* – und zur Kathedrale *(siehe S. 28f)*, dann weiter zur Wijngaardstraat und zur herrlichen Sint-Carolus Borromeuskerk *(siehe S. 106)*. Danach gehen Sie zum **Rockoxhuis** *(siehe links)* in der Keizerstraat. Von dort folgen Sie der Katelijnevest Richtung Süden bis zur **Meir**. Auf der rechten Seite ragt der **Boerentoren** mit dem KBC-Zeichen auf. Das Gebäude war bei seiner Erbauung 1932 das höchste in Europa. Der Weg führt weiter zum Rubenshuis *(siehe S. 30f)*. Das Mittagessen nehmen Sie im **Grand Café Horta** ein *(siehe S. 108)*.

Nachmittag

Nach dem Kulturprogramm locken nun die Einkaufsstraßen des Viertels *(siehe S. 107)*. Starten Sie in der **Schuttershofstraat**. Sie führt zur Huidevettersstraat, Nieuwe Gaanderij Arcade, Korte Gasthuisstraat und Lombardenvest. Südlich davon finden Sie das exzellente **Museum Mayer van den Bergh** *(siehe links)* und das **Maagdenhuis** *(siehe S. 106)*. Oder Sie bummeln zur Nationalestraat und statten Dries van Notens wunderschönem **Modepaleis** *(siehe S. 107)* einen Besuch ab. Gönnen Sie sich dann eine Pause in der nahen Reyndersstraat bei **De Groote Witte Arend** *(siehe S. 108)* oder **De Vagant** *(siehe S. 109)*.

Informationen zum Vleeshuis **www.schwarzaufweiss.de/belgien/antwerpenvleeshuis.htm**

Links **Sint-Carolus Borromeuskerk** Rechts **Polieren von Diamanten, Diamantmuseum**

TOP 10 Dies & Das

1 Etnografisch Museum
Eine bunte Sammlung: Kopfschmuck aus Brasilien, japanische Malerei, ein Maori-Kriegskanu, Exponate aus dem einstigen Belgisch-Kongo. *Suikerrui 19 • Karte T1 • (03) 220 86 00 • www.museum.antwerp.be/etnografisch_museum • Di–So 10–17 Uhr; Feiertage geschl. • Eintritt*

2 Diamantmuseum
Zeigt den Weg eines Diamanten von der Mine bis zur Tiara. *Koningin Astridplein 19–23 • Karte V2 • (03) 202 48 90 • www.diamantmuseum.be • Mai–Okt: Do–So 10–17.30 Uhr; Jan geschl. • Eintritt*

3 Museum voor Fotografie
Antwerpens exzellentes Fotomuseum (historische Geräte, Fotos) beherbergt auch die neue Filmabteilung des MUHKA *(siehe unten)*, in der Klassiker des Films zu sehen sind. *Waalsekaai 47 • Karte S3 • (03) 242 93 00 • www.fotomuseum.be*

4 MUHKA
Das innovative Museum voor Hedendaagse Kunst (zeitgenössische Kunst) residiert in einem alten Lagerhaus. *Leuvenstraat 32 • Karte S3 • (03) 260 99 99 • www.muhka.be • Di–So 10–17 Uhr; Feiertage geschl. • Eintritt*

5 Sint-Pauluskerk
Gotik und Barock prägen diese faszinierende Kirche. *Veemarkt 14 • Karte T1 • (03) 231 33 21 • Ostern, Mai–Sep: tägl. 14–17 Uhr*

6 Sint-Carolus Borromeuskerk
Berühmte Kirche dank der Barockfassade und dem tragischen Verlust von 39 Rubens-Bildern. *Hendrik Conscienceplein • Karte T1 • (03) 231 37 51 • Mo–Sa 10–12.30 Uhr & 14–17 Uhr*

7 Centraal Station
Architekt Louis Delacenserie schuf den neoklassizistischen Bahnhof 1905. *Karte V2*

8 Cogels-Osylei
Ende des 19. Jahrhunderts entstanden rund um die Cogels-Osylei opulente Bauten.

9 Maagdenhuis
Ungewöhnliches Museum in einem alten Waisenhaus. *Lange Gasthuisstraat 33 • Karte T3 • (03) 223 56 20 • Mo, Mi–Fr 10–17 Uhr, Sa & So 13–17 Uhr; Feiertage geschl. • Eintritt*

10 Mode Museum (MoMu)
Ein neues Museum der Haute couture. *Nationalestraat 28 • Karte T2 • (03) 470 27 70 • www.momu.be • Di–So 10–18 Uhr, Do 10–21 Uhr • Eintritt*

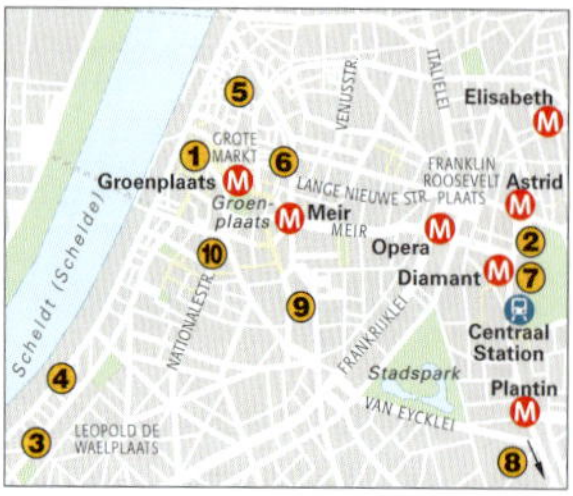

Museen & Sammlungen **siehe S. 40f**

Links **Het Modepaleis – Hauptgeschäft von Designer Dries van Noten** Rechts **Walter**

TOP 10 Läden & Märkte

1 Meir
In der autofreien Haupteinkaufsstraße befinden sich vor allem Filialen von bekannten Ladenketten. ✆ *Karte U2*

2 Pelikaanstraat
Im jüdischen Viertel sind die zahllosen Diamantenläden und Juweliere auch deshalb so faszinierend, weil die Edelsteine dort ganz unromantisch als eine Ware wie jede andere gelten. ✆ *Karte V2*

3 Nieuwe Gaanderij Arcade
Hier findet man Mode zu etwas günstigeren Preisen als in den Designerboutiquen.
✆ *Zwischen Huidevettersstraat und Korte Gasthuisstraat • Karte T2*

4 Shopping Center Grand Bazar
Das elegante und moderne Shopping-Center in einem ehemaligen Warenhaus teilt sich den Platz mit dem Hilton.
✆ *Groenplaats • Karte T2*

5 Korte Gasthuisstraat & Lombardenvest
Hier, im Zentrum einer Fußgängerzone, findet man interessante Fachgeschäfte. ✆ *Karte T2*

6 Schuttershofstraat
Eine weitere Straße mit hochklassigen Boutiquen und Schuhläden sowie einer Filiale von Delvaux, dem belgischen In-Hersteller für Accessoires. Fantastische Lederwaren!
✆ *Karte U3*

7 Het Modepaleis
In dem eleganten »Bügeleisen«-Gebäude aus der Belle Époque residiert die größte Filiale von Antwerpens Spitzendesigner Dries van Noten.
✆ *Nationalestraat 16 • Karte T2*

8 Walter
Gleicht mehr einer Kunstgalerie als einer Modeboutique: Hier findet man Mode von Topdesigner Walter van Bierendonck und andere ausgesuchte Marken.
✆ *Sint-Antoniusstraat 12 • Karte T2*

9 Ann Demeulemeester
Nur einen Katzensprung vom MUHKA *(siehe links)* entfernt, präsentiert man hier Demeulemeesters kompromisslose Mode, mit der sie in die Avantgarde der Couture aufstieg. ✆ *Leopold de Waelplaats/Verlatstraat • Karte S3*

10 Louis
Berühmte Boutique mit ebensolcher Markenware.
✆ *Lombardenstraat 2 • Karte T2*

Shopping-Tipps **siehe S. 120**

P. Preud'Homme – Restaurant für hohe Ansprüche

Preiskategorien

Preis für ein Drei-Gänge-Menü pro Person mit einer halben Flasche Wein, inkl. Steuern und Service.		
	€	unter 30 €
	€€	30–40 €
	€€€	40–50 €
	€€€€	50–60 €
	€€€€€	über 60 €

TOP 10 Cafés & Restaurants

1 Gin-Fish
Am ehemaligen Standort des Fischrestaurants De Matelote bietet Gin-Fish dreigängige Menüs. *Haarstraat 9 • Karte T2 • (03) 231 32 07 • mittags geschl. • €€€€€*

2 P. Preud'Homme
Zwischen goldener Pracht werden die Gäste mit Hummer, Wild und anderen saisonalen Spezialitäten verwöhnt. *Suikerrui 28 • Karte T1 • (03) 233 42 00 • €€€€*

3 Dock's Café
Die innovative Innenausstattung stammt von dem berühmten Designer Antoine Pinto. Hier gibt es Austern oder französisch-italienische Gerichte. *Jordaenskaai 7 • Karte T1 • (03) 226 63 30 • €€€*

4 Zuiderterras
Das auffällige Bauwerk an der Schelde beherbergt eine elegante Spitzen-Brasserie. *Ernest van Dijckkaai 37 • Karte T2 • (03) 234 12 75 • €€€*

5 Pier 19
Das umgebaute Lagerhaus bei den alten Docks nördlich des Zentrums beinhaltet Lounge Club (Do–Sa DJs), Restaurant und Mittagslokal. *Brouwersvliet 19 • Karte T1 • (03) 288 78 61 • So & Mo geschl. • €€*

6 Het Vermoeide Model
Gemütliches Brasserie-Restaurant mit mittelalterlichem Gebälk und Live-Musik am Piano. *Lijnwaadmarkt 2 • Karte T2 • (03) 233 52 61 • Mo geschl. • €€*

7 Rooden Hoed
In dem zentralen, wohl ältesten Restaurant Antwerpens hört man auf der Terrasse die Orgel der Kathedrale. *Oude Koornmarkt 25 • Karte T2 • (03) 233 28 44 • €€€*

8 Grand Café Horta
Dynamisch gestaltet mit Art-nouveau-Teilen aus Victor Hortas berühmtem, 1965 abgerissenem Volkshuis in Brüssel. *Hopland 2 • Karte U2 • (03) 232 28 15 • €€€*

9 De Groote Witte Arend
Bekanntes Traditionslokal mit Innenhof – und eigener Kapelle. Hier kommt der Genuss vor der Reue. Gute Biere und typische Kneipengerichte. *Reyndersstraat 18 • Karte T2 • (03) 226 31 90*

10 Brasserie Chez Fl'eau
Das alte Hafenmeisterhaus mit Blick auf den Fluss und den Bonapartedok beherbergt eine gute belgisch-französische Brasserie. *Tavernierkaai 1 • (03) 225 36 37 • Sa mittags geschl. • €€*

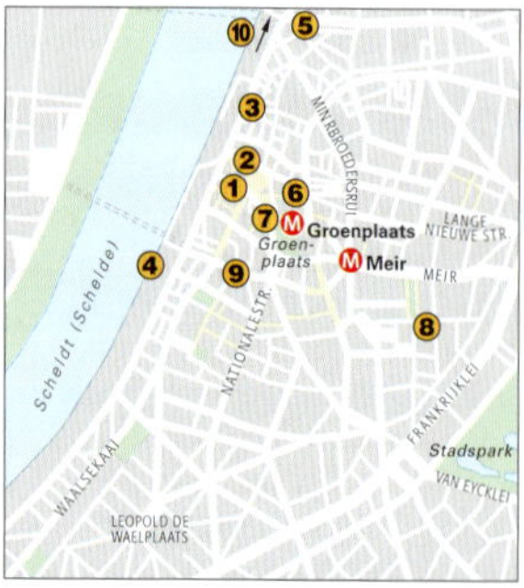

Wenn nicht anders angegeben, akzeptieren alle Restaurants Kreditkarten, bieten Vegetarisches und sind für Rollstühle zugänglich.

Links **Het Elfde Gebod** Rechts **Den Engel – eine typische belgische Traditionsgaststätte**

TOP 10 Bars & Clubs

1 Café d'Anvers
House, Soul, Disco und Funk in einem alten Lagerhaus im Rotlichtbezirk. Die bekannteste – und für viele die beste – Disco der Stadt. *Verversrui 15 • Karte T1 • (03) 226 38 70*

2 Stereo Sushi
Absolut »in«: In diesem trendigen Club legen internationale Spitzen-DJs auf. Gespannt kann man auch auf die Performance der einheimischen DJ-Talente sein. *Luikstraat 6 • Karte S3*

3 Cafe Local
Lateinamerikanisch angehauchter Komplex mit »kubanischem Markt« und »Ballroom«. Samstags Salsa, ab und zu südamerikanische Fiestas. *Waalsekaai 25 • Karte S3 • (03) 238 50 04*

4 Red and Blue/ Fill Collins Club
Im Red and Blue gilt samstags »nur für Männer«; Fill Collins ist ein konventioneller Club (freitags). *Lange Schipperskapelstraat • Karte T1 • Red and Blue: (03) 213 05 55*

5 Het Elfde Gebod
An den Wänden der Bar zum »Elften Gebot« hängen schräg-bunte religiöse Bilder. Ob man so in den Himmel kommt? *Torfbrug 10 • Karte T1*

6 Bierhuis Kulminator
In dem Bierparadies serviert man 500 Sorten des edlen Gerstensafts. *Vleminckveld 32 • Karte T3*

7 Sips
Schicke Cocktailbar im Szeneviertel der Docks südlich des Zentrums. Spezialität: Zigarren. *Gillisplaats 8*

8 Den Engel
Klassische belgische *bruine kroeg* (»braune Kneipe« – ein traditionelles Bierlokal) am Grote Markt. Empfehlenswert: ein *bolleke* (kelchartiges Glas) mit Antwerpens berühmten Bier De Koninck. *Grote Markt 3 • Karte T1*

9 De Muze
In dem freundlichen und gemütlichen Lokal wird fast jeden Abend bis 2 oder 3 Uhr morgens Live-Jazz gespielt. *Melkmarkt 15 • Karte T2 • (03) 226 01 26*

10 De Vagant
Die angenehme traditionelle Café-Bar serviert etwa 200 Arten *jenever*; das Restaurant im Obergeschoss ist auf Gerichte mit *jenever* spezialisiert. *Reyndersstraat 25 • Karte T2 • (03) 233 15 38*

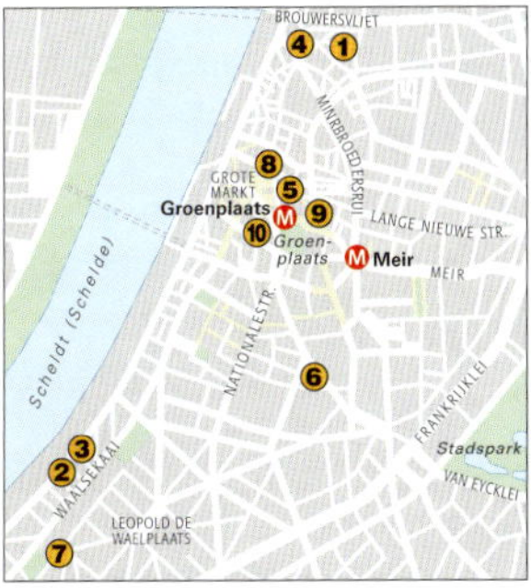

Restaurant-Tipps **siehe S. 119**

LE GRAIN
DE SABLE

REISE-INFOS

Links **Internet-Café** Rechts **Schild eines Fremdenverkehrsbüros**

TOP 10 Reisevorbereitung

1 Wahl des Reiseziels

Brüssel, Brügge, Gent oder Antwerpen sind alle von historischem Interesse, haben renommierte Museen, gute Hotels, ausgezeichnete Restaurants und schöne Läden. Brüssel ist die pulsierende Hauptstadt, Brügge ein mittelalterliches Juwel, Gent eine ehrwürdige Universitätsstadt, Antwerpen ein Zentrum des Handels. Ausführliche Details finden Sie in den jeweiligen Kapiteln.

2 Sprachen

In Brügge, Gent und Antwerpen wird Flämisch (Niederländisch) gesprochen, in Brüssel zudem Französisch. Manche sprechen noch den alten Brüsseler Mischdialekt. Englisch ist weitverbreitet, Deutsch in den östlichen Regionen Belgiens eine offizielle Landessprache.

3 Staatliche Fremdenverkehrsbüros

Belgische Fremdenverkehrsbüros werden von den beiden Tourismusbehörden Flandern–Brüssel und Brüssel–Ardennen betrieben. Die Website der Fremdenverkehrsinformation lautet: www.toervl.be

In Deutschland: *Tourismus Flandern–Brüssel, Cäcilienstraße 46, 50667 Köln, (0221) 270 97 70, www.flandern.com*

In Österreich: *Tourismuswerbung Flandern–Brüssel, Mariahilfer Straße 121b, 1060 Wien, (01) 5960660, www.flandern.co.at*

4 Städtische Informationsbüros

Jede Stadt betreibt Informationsbüros *(siehe Kasten)*, in denen man Besuchern mit Rat und Tat, z. B. bei Zimmerreservierungen, zur Seite steht.

5 Internet-Infos

Staatliche wie städtische Informationszentren bieten Websites *(siehe Kasten)* mit Details zu Sehenswürdigkeiten, Veranstaltungen, Restaurants und Hotels sowie Karten und sonstigen Links.

6 Wetter

Das Wetter ist typisch für Westeuropa: Es ist ozeanisch geprägt mit milden Wintern und kühlen Sommern, es regnet ganzjährig. Die Durchschnittstemperaturen liegen bei 1 °C im Winter und 19 °C im Sommer.

7 Reisegepäck

Rechnen Sie mit regnerischem Wetter. Machen Sie sich mit bequemen Schuhen für längere Fußwege bereit.

8 Zeit

Zwischen Belgien und Deutschland, Österreich und der Schweiz gibt es keinen Zeitunterschied, da auch hier die Mitteleuropäische Zeit (samt Sommerzeit von März bis Oktober) gilt.

9 Strom

Die Stromspannung beträgt 230 V/50 Hz. In die Steckdosen passen die üblichen Euro-Stecker.

10 Feiertage

Offizielle Feiertage in Belgien sind: Neujahrstag, Ostermontag, Tag der Arbeit (1. Mai), Christi Himmelfahrt (6. Donnerstag nach Ostern), Pfingstmontag, Fest der flämischen Gemeinde (11. Juli, nur in Flandern), Belgischer Nationalfeiertag (21. Juli), Mariä Himmelfahrt (15. Aug), Allerheiligen (1. Nov), Gedenktag des Endes des Ersten Weltkriegs (11. Nov), Weihnachten. Banken und Postämter haben dann geschlossen; manche Läden und Museen sind geöffnet.

Information

Brüssel
Hôtel de Ville, Grand Place • Karte C3 • (02) 513 89 40 • www.bitc.be, www.brusselsdiscovery.com

Brügge
Concertgebouw, 't Zand 34 • Karte J5 • (050) 44 46 46 • www.brugge.be

Gent
Belfort, St-Baafsplein • Karte Q2 • (09) 266 52 32 • www.gent.be

Antwerpen
Grote Markt 13 • Karte T1 • (03) 232 01 03 • www.antwerpen.be

Links **Beim Einchecken** Rechts **Züge im Gare du Midi, Brüssel**

TOP 10 Anreise

1 Einreise
Für die Einreise nach Belgien benötigen EU-Bürger lediglich einen gültigen Personalausweis oder Reisepass, sofern sie nicht länger als drei Monate bleiben wollen. Nicht-EU-Bürger sollten sich vor Reiseantritt nach den jeweiligen Bestimmungen erkundigen.

2 Zoll
Innerhalb der EU können die meisten Waren, einschließlich Wein, Spirituosen und Tabak, in Mengen des persönlichen Bedarfs ein- und ausgeführt werden. Für Nicht-EU-Bürger gelten die üblichen Beschränkungen *(siehe S. 120)*.

3 Mit dem Flugzeug
Der Brüsseler Flughafen Brussels National (BRU) liegt 14 Kilometer nordöstlich von Zaventem. Deshalb wird der Flughafen oft nur »Zaventem« genannt. Von hier fahren Anschlusszüge nach Brügge, Gent und Antwerpen. Manche Flüge landen auch in Bruxelles Charleroi, 40 Kilometer südlich der Stadt. Kleine Flughäfen gibt es in Antwerpen und Ostende.

4 Brussels National
Vom Flughafen gelangen Sie per Taxi oder mit dem Expresszug in das Zentrum Brüssels. Das Europa-Viertel ist mit einer Bus-Linie (»Airport Line«) angebunden.

5 Mit dem Zug
Drehscheibe des belgischen Eisenbahnnetzes ist Brüssel mit seinen drei Hauptbahnhöfen: Gare du Midi (Zuidstation), Gare Centrale (Centraal Station) und Gare du Nord (Noordstation). Die Thalys-Züge verbinden Köln mit Brüssel in weniger als drei Stunden – eine Alternative zum Flugzeug. Ansonsten erreicht man Brüssel per IC oder ICE. Von den Bahnhöfen hat man gute weitere Zugverbindungen nach Brügge, Gent und Antwerpen *(Anschlussreisen siehe S. 114)*.

6 Brüssel, Gare du Midi
Vom Bahnhof aus gelangen Sie mit Metro, Bus, Tram und Taxi in alle Stadtteile. Die Piktogramme der Wegweiser sind teilweise schwer zu entziffern, sodass manche Leute kaum den Ausgang finden. Hilfe bekommt man am Informationsschalter in der Eurostar-/Thalys-Halle. *Karte A5*

7 Mit dem Auto
Zum Autofahren in Belgien genügt der nationale Führerschein, eine grüne Versicherungskarte ist empfehlenswert. Auch in Belgien muss man Verbandskasten, Warndreieck und eine Warnweste mit sich führen. Das Tempolimit beträgt auf Autobahnen 120 km/h, auf Landstraßen 90 km/h und in Ortschaften 50 km/h.

8 Autobahnen
Die Autobahnen in Belgien sind mautfrei und gut gewartet. Fast alle sind nachts beleuchtet.

9 Reisen über den Ärmelkanal
Falls Sie den Britischen Inseln einen Besuch abstatten wollen – was von Brüssel aus eine Überlegung wert ist –, über- bzw. unterqueren Sie den Ärmelkanal mit Fähre oder via Kanaltunnel *(siehe Kasten unten)*.

10 Mit dem Bus
Busreiseunternehmen bieten Fahrten nach Brüssel, Gent, Antwerpen und Brügge sowie zu den Fährhäfen Zeebrügge und Ostende an.

Ärmelkanal-Überquerungen (Fähre oder Tunnel)

P&O Ferries
(069)50 98 55 55
• *www.poferries.com*

Sea France
(06196) 94 09 11
• *www.seafrance.com*

Norfolkline
(040) 180 16 00 31
• *www.norfolkline.com*

Eurotunnel
(01805) 00 02 48
• *www.eurotunnel.com*

Eurostar
(08705) 18 61 86
• *www.eurostar.com*

Eurolines
+44 (08705) 80 80 80
• *www.eurolines.co.uk*

Links **Taxis an einem Taxistand** Rechts **In ganz Belgien gibt es Fahrräder zu mieten**

TOP 10 In Flandern unterwegs

1 Entfernungen zwischen Städten

Belgien ist ein kleines Land – etwas kleiner als Nordrhein-Westfalen –, alle vier vorgestellten Städte liegen im Norden. Brüssel ist die südlichste; Antwerpen liegt 45 Kilometer nördlich von Brüssel, Gent westlicher – ca. 50 Kilometer sowohl von Brüssel als auch von Antwerpen entfernt; Brügge liegt 40 Kilometer nordwestlich von Gent.

2 Mit dem Zug

Die staatliche Eisenbahn Belgiens, französisch SNCB und niederländisch NMBS genannt, ist sauber, pünktlich, leistungsfähig und angemessen im Preis. Ein regelmäßiger Fahrplan verbindet alle vier Städte. Auf der Website finden Sie Fahrpläne und Preise: *www.b-rail.be*

3 Mit dem Auto

Belgische Autofahrer sind nicht schlechter als andere – auch wenn erst um 1960 herum Fahrprüfungen eingeführt wurden. Zu dichtes Auffahren gibt es praktisch überall *(siehe S. 121)*. Achten Sie in den Städten auf die Trams – sie setzen ihren Platzanspruch unerbittlich durch *(siehe auch* priorité de droite *S. 121)*.

4 Parken

In den Städten und um sie herum gibt es ausreichend Parkmöglichkeiten. Am besten nutzen Sie die öffentlichen Parkplätze, die gut ausgeschildert und nicht zu teuer sind. In den Stadtzentren bilden sich schnell Staus, das Parkangebot ist hier beschränkt. Vor allem in Brügge und Gent wird empfohlen, die Parkplätze außerhalb des Stadtzentrums zu nutzen.

5 Mietwagen

Alle großen Autovermietungen sind in Belgien vertreten. Oft erhält man einen günstigeren Tarif, wenn man von zu Hause aus bucht – z. B. zusammen mit dem Flug. Allerdings brauchen Sie nicht unbedingt ein Auto, es sei denn, Sie wollen Gegenden außerhalb der Städte erkunden.

6 Taxis

Taxis finden Sie an den Taxiständen, oder Sie bestellen sie telefonisch. In Brüssel kann man sie an der Straße heranwinken – was jedoch in den anderen drei Städten nicht üblich ist. Sie sind um einiges teurer als der öffentliche Nahverkehr. Zehn Prozent Trinkgeld werden erwartet.

7 Nahverkehr

Die wichtigsten Nahverkehrsmittel sind Bus und Tram; in Brüssel kommt eine Métro (Untergrundbahn) hinzu, in Antwerpen eine Art Tram im Untergrund, die Pre-Métro. Der Betreiber der öffentlichen Verkehrsmittel in Brüssel heißt STIB/MIVB, in den anderen Städten De Lijn. An vielen Trambahnstationen wird nur gehalten, wenn man vorher den gelben Knopf an einem der Ausgänge gedrückt hat.
www.stib.be, www.delijn.be

8 Fahrkarten

Die Fahrkarten der STIB/MIVB sind für Bus, Tram und Métro gültig. An Verkaufsständen und Haltestellen erhalten Sie Tickets für eine einfache Fahrt, zehn Fahrten oder Tagestickets. Einfach-Tickets können Sie in Bus und Tram auch beim Fahrer lösen. Vor Fahrtantritt müssen Sie die Karte an dem orangefarbenen Automaten in Bus oder Tram oder am Zugang zur Métro-Station entwerten; sie gilt dann für Fahrten bis zu einer Stunde, inklusive Unterbrechungen.

9 Radfahren

Belgier fahren gern Rad, in Brüssel allerdings gibt es kaum Fahrradwege. In allen Städten können Sie Räder mieten – Details und Adressen erfahren Sie in Informationsbüros *(siehe S. 112)*.

10 Zu Fuß

Die kurzen Entfernungen zwischen den Sehenswürdigkeiten erlauben es, fast alles in den Innenstädten zu Fuß zu besichtigen. Vergessen Sie nicht, bequeme und wasserdichte Schuhe einzupacken.

Für Bahnreisen in Belgien – u. a. mit einem Leitfaden für Fahrgäste mit eingeschränkter Mobilität – siehe **www.b-rail.be**

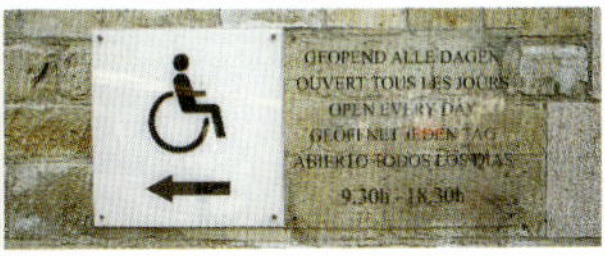

Links **Kopfsteinpflaster bereitet manchmal Probleme** Rechts **Zeichen für Rollstuhlzugang**

TOP 10 Behinderte Reisende

1 Vor der Abreise

Historische Städte wie Brüssel, Brügge, Antwerpen und Gent haben sich über Jahrhunderte ohne Rücksicht auf Behinderte entwickelt. Der Zustand bessert sich zwar, doch es dauert, bis die Gegebenheiten angepasst sind. Die Fremdenverkehrsbüros haben hilfreiche Informationen für Rollstuhlfahrer zusammengestellt, doch es gibt noch große Lücken. Beginnen Sie Ihre Recherche am besten schon zu Hause.

2 Organisationen

Für Besucher, die im Rollstuhl sitzen oder anderweitig mobil eingeschränkt sind, gibt es Hilfe beim Roten Kreuz. Auch eine Suche im Internet lohnt sich. ✆ *Croix Rouge de Belgique, (02) 371 31 11, www.croix-rouge.be*

3 Information

Die städtischen Fremdenverkehrsbüros haben Informationen darüber zusammengestellt, welche Hotels beispielsweise behindertengerechte Einrichtungen oder Toiletten für Rollstuhlfahrer bieten, doch sind diese nicht auf ihren Websites abrufbar. Rufen Sie also dort an, oder erfragen Sie per E-Mail *(siehe S. 112)*, welche Hilfen angeboten werden. Tipps für Behinderte gibt es bei Toerisme Vlaanderen. ✆ *Grasmarkt 61, Brüssel, (02) 504 03 38, info@toervl.be*

4 Organisiertes Reisen

Manche Reiseveranstalter haben sich auf Reisen für Rollstuhlfahrer und ihre Begleiter spezialisiert. Es lohnt sich, neben anderen einschlägigen Quellen auch das Internet zu überprüfen, welche Reisen speziell für Belgien angeboten werden.

- *www.rolli-mobil.de*
- *www.mare-nostrum.de*
- *www.grabo-tours.de*

5 Einstellung der Einheimischen

Die historischen Städte mit ihrem Kopfsteinpflaster machen es Behinderten nicht gerade leicht, doch die Belgier bringen Rollstuhlfahrern viel Verständnis entgegen. Wenn Hilfe gebraucht wird, gehen sie überall meist schnell zur Hand. Bis zu einem gewissen Grad kann dies das Fehlen von Rampen, rollstuhlgerechten Badezimmern, weiten Türen und anderen Hilfsmitteln ausgleichen.

6 Stufen & Kopfsteinpflaster

Manche Sehenswürdigkeiten liegen in historischen Vierteln und sind deshalb für Behinderte schwer zugänglich. Manche wurden umgebaut, doch das ist nicht überall möglich. Vor allem Brügge mit seinen schmalen Gassen, Gehwegen und dem Kopfsteinpflaster wird nie ganz behindertengerecht sein.

7 Museen

Viele der großen Museen haben rollstuhlgerechte Einrichtungen mit entsprechenden Türen, Rampen, Aufzügen und Toiletten. Das Personal ist meist hilfsbereit, doch klären Sie im Zweifelsfall vor Ihrem Besuch die örtlichen Gegebenheiten.

8 Öffentlicher Nahverkehr

Bus, Tram und Métro sowie Bahnhöfe sind meist nicht behindertengerecht ausgestattet – auch wenn die neueren Trams einen Einstieg für Rollstühle haben. In den Fremdenverkehrsbüros kann man Alternativen, etwa Spezialtaxis, erfragen. Die belgischen Eisenbahnen bieten einen Ratgeber auf ihrer Website. ✆ *www.b-rail.be*

9 Hotels

Manche modernen oder renovierten Hotels bieten ein oder mehrere behindertengerechte Zimmer. Sie sind in Informationsbroschüren und auf den Websites der Hotels angegeben.

10 Restaurants

Restaurants mit behindertengerechten Einrichtungen sind immer noch ziemlich selten. Verlassen Sie sich nicht auf das Rollstuhlsymbol in den zahlreichen Broschüren, die für Urlauber ausliegen – Sie könnten vor Ort eine böse Überraschung erleben.

Die Website des Deutschen Roten Kreuzes informiert über Begleitetes Reisen für Rollstuhlfahrer **www.drk-reise.de**

Links **Bootsfahrt auf dem Kanal** Rechts **Mit der Pferdekutsche auf Stadterkundung**

TOP 10 Touren & Ausflüge

1 Pauschalreisen

Reiseangebote, die sowohl Fahrt als auch Unterkunft beinhalten, sind oft deutlich günstiger als Einzelbuchungen. Ein solider Reiseveranstalter bietet einige gute Hotels zur Auswahl und Reiseleiter vor Ort. Für Spezialreisen lohnt sich die Suche im Internet.

2 Kunst- & Kulturreisen

Wer Belgiens lange Kunstgeschichte – von Jan van Eyck bis zu den Symbolisten – studieren möchte, kommt in allen vier Städten auf seine Kosten. Manche Kunstreisegruppen werden von Dozenten begleitet.

3 Rund um Koch- & Braukunst

Fragen Sie in den Informationsbüros *(siehe S. 112)* nach kulinarischen Rundfahrten. Manche Unternehmen bieten Touren rund um das belgische Bier oder die belgische Schokolade an.

4 Fahrten zu Gedenkstätten

Ieper *(siehe S. 63)* steht im Mittelpunkt vieler Fahrten, die zu den Schlachtfeldern, Schützengräben, Friedhöfen und anderen Gedenkstätten des Ersten Weltkriegs führen. Darauf spezialisierte Reiseunternehmer organisieren komplette Touren, inklusive Fahrt und Übernachtung. Geführte Tagestouren nach Waterloo *(siehe S. 62)* werden ebenfalls angeboten.

5 Stadtführungen

Die Fremdenverkehrsbüros der vier Städte *(siehe S. 112)* organisieren regelmäßig geführte Stadttouren.

6 Stadtrundfahrt per Bus

Wenn Sie mit demBus – manche sind mit Audioführern in mehreren Sprachen ausgestattet – zu den Hauptsehenswürdigkeiten fahren, bekommen Sie schnell einen guten Überblick über die jeweilige Stadt.

7 Kanalfahrten

Zwar liegen sie heute im Landesinneren, doch einst waren Brügge und Gent bedeutende, florierende Hafenstädte – dank ihrer Kanäle bzw. kanalisierten Flüsse. Heute sind Bootsfahrten auf diesen Wasserstraßen sehr beliebt, denn vom Boot aus kann man eine Stadt aus einem ganz anderen Blickwinkel kennenlernen. Die Boote legen an verschiedenen Stellen im Stadtzentrum ab. Auch in Brüssel werden Bootsfahrten auf dem sonst industriell genutzten Kanal angeboten.

8 Kutschfahrten

Alle vier Städte können Sie auch in Pferdekutschen oder Pferdetrams erkunden. Das ist vor allem in Brügge beliebt, einer Stadt, die sich gut für solche Aktivitäten eignet. Ein unvergessliches Erlebnis – wenn auch teuer und von nur kurzer Dauer.

9 Privatführungen

In den Informationsbüros können Sie auch eine Privatführung buchen, bei der Ihnen die Stadt oder ein bestimmtes Thema vorgestellt wird. Meist gehören die Privatführer einem der Fremdenverkehrsverbände an.

10 Führung nach Schwerpunkten

Es gibt zahlreiche Führungen und Autotouren, die ein bestimmtes Thema als Schwerpunkt haben, etwa jüdische Geschichte, industrielle Architektur oder die belgische Braukunst.

Veranstalter von Spezialtouren

Arau *(zu Fuß) (Art-nouveau-Rundgänge)* • *(02) 219 33 45*

La Fonderie *(zu Fuß) (Industriegebäude, Schokolade, Bier)* • *(02) 410 99 50*

Arkadia *(zu Fuß) (Architekturführungen)* • *(02) 537 67 77*

Pro vélo *(per Rad) (Comics, Art nouveau)* • *(02) 25 02 73 55*

Brussels City Tours *(per Bus) (Stadttouren, Ausflüge)* • *(02) 513 77 44*

Tipps zu Veranstaltungen, Themenreisen u. Ä. (auch auf Deutsch)
www.aab-allaboutbelgium.be

Links **Friterie** Rechts **In Feinkostläden erhält man erstklassige Picknick-Zutaten**

TOP 10 Flandern für wenig Geld

1 Nebensaison
Während der Schulferien und um wichtige Feiertage herum sind Flüge teurer. Die Hotelpreise schwanken mit der Zahl der Geschäftsreisenden – sodass Hotels gerade in der Hochsaison günstig sein können *(siehe auch Wochenendtarife S. 118)*. Natürlich gibt es Zeiten, in denen Nebensaison und günstige Hotelangebote zusammenfallen. Ein Vergleich lohnt sich.

2 Nahverkehrspässe
Ein Vielfahrtenpass kann sparen helfen. Das trifft vor allem auf Brüssel zu, wenn man zu Museen oder entfernteren Sehenswürdigkeiten gelangen will, die zu Fuß nicht erreichbar sind. Das Zehnerticket deckt zehn Einzelfahrten mit Bus, Tram oder Métro an verschiedenen Tagen ab. Die Tageskarte gestattet beliebig viele Fahrten an einem einzelnen Tag.

3 Bahnrabatt
Von Freitag, 19 Uhr, bis Sonntagnacht gibt es 40 Prozent Nachlass auf Rund- und Rückfahrkarten der Bahn. Kinder unter sechs Jahren reisen kostenlos; Kinder zwischen sechs und elf Jahren bekommen 50 Prozent Ermäßigung. Bis zu 40 Prozent Nachlass gibt es für Erwachsene unter 26 Jahren – und auf Tagesrückfahrkarten. Senioren über 65 Jahre zahlen werktags nach 9 Uhr pauschal 4 Euro, außer an bestimmten Tagen. *Belgische Bahn: www.b-rail.be*

4 Parken
Am Stadtrand zu parken ist oft billiger als im Zentrum – wenn nicht ganz kostenlos. In Brügge etwa kostet das Parken im Südwesten weniger als die Hälfte des Preises im Zentrum.

5 Museen
Fragen Sie bei den Informationsbüros nach Kombitickets für verschiedene Museen. Das Angebot (bzw. die Kombination) wechselt von Jahr zu Jahr.

6 Eintrittsfreie Museen
Einige Museen, etwa das Musée Royal de l'Armée et d'Histoire *(siehe S. 77)*, kosten keinen Eintritt. Manche sind an bestimmten Tagen kostenlos, etwa die Musées Royaux des Beaux-Arts *(siehe S. 12–15)* und die Musées Royaux d'Art et d'Histoire *(siehe S. 77)* am ersten Mittwochnachmittag eines Monats. Einige der Museen in Antwerpen, z. B. das Rubenshuis *(siehe S. 30f)*, sind am letzten Mittwoch im Monat frei zugänglich.

7 Günstige Mittagessen
Viele Restaurants bieten Menüs mit zwei oder drei Gängen zu einem Festpreis an. Gut und preiswert isst man auch oft in Cafés und Bars, die einfache Gerichte wie Suppe, Salat, Nudeln oder Steak mit Pommes frites anbieten oder aber einen Imbiss wie *croque monsieur* (Schinken-Käse-Toast).

8 Friteries
Belgische Pommes frites sind für sich schon eine ganze Mahlzeit, doch gute Stände *(friteries)* bieten eine große Auswahl an Beigaben, etwa Fisch oder Fleisch. Die *frites* sind eine gute, sehr billige und sehr belgische Mahlzeit.

9 Picknick
Feinkostläden, Bäckereien und Konditoreien bieten ausgezeichnetes, fertig zubereitetes Essen – belegte Brötchen, Pasteten, Salat –, das z. B. in einem Park bestens schmeckt.

10 Jugendherbergen
Jugendherbergen und ähnliche Wohnheime sind die allergünstigsten Unterkünfte in Belgien (weniger als 20 Euro für ein Doppelzimmer). Wie in anderen Ländern auch sind Jugendherbergen zunehmend mit Einzelzimmern (um 26 Euro) ausgestattet – wenn auch mit gemeinsam genutzten sanitären Anlagen. Bars, Essgelegenheiten und Internet-Anschluss sind oft vorhanden und ermöglichen Gemeinschaftserlebnis und Gedankenaustausch.

Wenn das Mittagessen Ihre Hauptmahlzeit ist, können Sie auch in Spitzenrestaurants preisgünstige Menüs genießen.

Links **Brügge hat viele Hotels mit Charme und Atmosphäre** Rechts **Bed & Breakfast**

TOP 10 Hotel-Tipps

1 Informationen aus dem Internet
Im Internet stehen zahllose Informationen über Hotels, Ausstattung und Preise bereit. Einige Hotels haben auch ihre eigene Website mit Buchungsmöglichkeit.

2 Buchung
Buchen Sie per Fax, Internet oder Telefon (beinahe überall wird Englisch, oft auch Deutsch gesprochen). Viele Hotels lassen sich zur Absicherung die Kreditkartennummer geben. Auch die Fremdenverkehrsbüros *(siehe S. 112)* vermitteln Unterkünfte.

3 Hotelkategorien
Die offizielle Kategorisierung der Hotels orientiert sich oft an der Ausstattung und nicht an Kriterien, die vielleicht für den Hotelgast ausschlaggebend sind, etwa Lage oder Service. So kann ein Zwei-Sterne-Haus manchmal besser sein als eines mit fünf Sternen. Das Dixseptième in Brüssel *(siehe S. 125)* zählt zu den angenehmsten Häusern weltweit, doch es hat nur vier Sterne, nicht fünf.

4 Wochenendtarife
Viele Hotels bieten günstige Wochenendtarife (Freitag bis Sonntag und an Feiertagen) an. Preiswerte Tarife gibt es in Brüssel auch im Juli und August sowie von Dezember bis Mitte Januar. Ein Aufenthalt über mehrere Tage wird oft mit Sondertarifen angeboten.

5 Haupt- & Nebensaison
Hotelpreise spiegeln die Auslastung durch Geschäftsreisende und die Feriensaison wider. Im Sommer ist in Brügge viel los, weniger dagegen in Brüssel, Antwerpen oder Gent.

6 Hotels mit Charme
Hinsichtlich kleiner Hotels mit Komfort und Atmosphäre haben Brüssel *(siehe S. 125)* und Brügge die Nase vorn. In Antwerpen und Gent sind solche Häuser rar. Zu den Ausnahmen gehören das Erasmus *(siehe S. 130)* und das De Witte Lelie *(S. 131)*.

7 Businesshotels
Unter den Businesshotels herrscht in Belgien ein harter Wettbewerb – je teurer diese sind, umso mehr bekommt man für sein Geld, insbesondere in punkto Komfort.

8 Frühstück
Achten Sie darauf, ob das Frühstück im Preis inbegriffen ist. Ein Frühstücksbüfett kann in teuren Hotels pro Person deutlich über 20 Euro kosten. Es gibt meist ein »kontinentales Frühstück« mit Müsli, Croissants, Brioches, Wurst, Käse, Obst, Joghurt, Marmelade, Säften und manchmal auch Eiern.

9 Privatzimmer
Immer mehr Menschen bieten in ihren Privatwohnungen Zimmer mit Frühstück an. Manche davon liegen in schönen historischen Häusern im Zentrum. Sie sind ihren Preis wert – etwa 55 bis 95 Euro für ein Doppelzimmer pro Nacht – und die besten sind oft Monate im Voraus ausgebucht. Viele dieser Angebote sind im Internet zu finden und auch die Fremdenverkehrsbüros führen Listen und vermitteln Kontakte *(siehe auch Kasten unten)*.

10 Zelt & Wohnwagen
Eine Alternative für weniger als 20 Euro pro Nacht und Familie ist die Übernachtung auf einem der gut geführten Campingplätze Belgiens – außerhalb der Stadtzentren. In den Fremdenverkehrsbüros erhalten Sie Infos.

Privatzimmer mit Frühstück

Bed & Brussels
(02) 646 07 37
• www.bnb-brussels.be

Taxistop
(070) 22 22 92
• www.taxistop.be

Belsud
(02) 504 03 90
• www.belsud.be

Vereinigung der Gästehäuser in Gent
www.bedandbreakfast-gent.be

Hotels in Brüssel, Brügge, Gent & Antwerpen **siehe S. 124–131**

Links **Mittagsmenüs zu Festpreisen** Rechts **Bedienungen erwarten meist ein kleines Trinkgeld**

TOP 10 Restaurant-Tipps

1 Sprache der Speisekarte

Traditionell sind viele Speisenbezeichnungen auf Französisch, vor allem in den edleren Restaurants. In den flämischen Städten dominiert natürlich Flämisch; es wird auch oft Englisch oder sogar Deutsch gesprochen. Fast immer findet sich jemand, der Gerichte in der von Ihnen gewünschten Sprache genau beschreiben kann.

2 Belgisches Vorbild

Belgier gehen gern zum Essen aus, sie erwarten gute Gerichte zu einem vernünftigen Preis. Wenn das nicht so ist, kehren sie nicht ein – ebensowenig, wenn ihr Lieblingsrestaurant in Qualität und Service nachgelassen hat. Wählen Sie also ein Lokal aus, das von Einheimischen besucht wird.

3 Reservierung

Gute Restaurants sind immer gut besucht. Wenn Sie in ein ganz bestimmtes gehen wollen, dann reservieren Sie besser vorher – telefonisch ist das schnell geschehen. Wenn Sie Ihre Pläne ändern sollten, vergessen Sie die Stornierung nicht.

4 Festpreismenüs

Spezielle zwei- oder dreigängige Menüs, die meist täglich wechseln und zu einem Festpreis angeboten werden, können ausgesprochen lohnend sein. Dabei geht es nicht nur um den Preis, manchmal setzt die Küche spontan aktuelle Marktangebote um.

5 Vegetarische Gerichte

Auch wenn die Belgier Fleisch- und Fischgerichte lieben, bieten die meisten Restaurants vegetarische Speisen an. In allen Städten gibt es auch rein vegetarische Restaurants, die leckere Gerichte zubereiten. Eine Liste der Lokale gibt es bei den Fremdenverkehrsbüros.

6 Roh, halb gar & durchgebraten

Belgier mögen ihr Fleisch wenig durchgebraten. Wenn Sie etwas halb durchgebraten bestellen, bekommen Sie es eher roh als medium. Die ausgezeichnete Fleischqualität verträgt die kurze Bratdauer. Wenn Sie Ihr Fleisch gut durchgebraten haben möchten, dann sollten Sie das klar zum Ausdruck bringen.

7 Rohes Fleisch, rohe Austern

Bei bestimmten Gerichten wird Fleisch roh serviert, etwa beim *filet américain (siehe S. 56)* oder beim italienischen *carpaccio*. Rohen Fisch gibt es bei den japanisch angehauchten Gerichten und beim *carpaccio* von Lachs oder Thunfisch. Selbstverständlich werden auch Austern roh geschlürft.

8 Steuern & Trinkgelder

Die Mehrwertsteuer (TVA/ BTW) einer Restaurantrechnung schlägt mit 21 Prozent, der Service mit 16 Prozent zu Buche; beides ist normalerweise in den angegebenen Preisen enthalten. Trotzdem pflegt man fünf bis zehn Prozent Trinkgeld zu geben oder den Rechnungsbetrag aufzurunden. Falls unklar ist, ob Steuer und Service eingeschlossen sind, fragen Sie nach.

9 Mit Kindern essen

In Belgien geht oft die ganze Familie zum Essen; ein Mittagessen kann dann den halben Nachmittag dauern. So werden die Kinder schon früh an dieses für die Belgier so wichtige Gemeinschaftserlebnis gewöhnt. Die Gastwirte sind gern bereit, für die Vorlieben der jungen Gäste von ihrer Speisekarte abzuweichen. Kinder dürfen auch mit in die meisten Cafés und Bars kommen.

10 Bier

Belgisches Bier ist im Durchschnitt etwas stärker als in Deutschland – der Alkoholgehalt liegt zwischen fünf und zwölf Prozent. Da der Gerstensaft in relativ kleinen Mengen serviert wird, unterschätzt man leicht die Wirkung – bis man aufsteht. Mit etwas »Erfahrung« bekommt man das in den Griff.

Mehr über belgisches Essen **siehe S. 56f**

Links **Bierläden bieten eine große Auswahl** Rechts **Im Supermarkt**

TOP 10 Shopping-Tipps

1 Mehrwertsteuer
Reisende aus Ländern außerhalb der EU bekommen die Mehrwertsteuer bei Einkäufen über 127 Euro erstattet. Dafür müssen Sie im Laden bestimmte Formulare ausfüllen, die Sie an der Grenze im Zollbüro vorlegen. Läden mit dem Schild *Tax-free Shopping* beschleunigen den Vorgang, indem sie Kunden einen sogenannten *Tax-free Shopping Cheque* ausstellen, der vom Zoll abgestempelt werden muss und anschließend am Schalter *Tax-free Shopping*, etwa am Brüsseler Flughafen, eingelöst werden kann.

2 Zoll
Für Reisende aus EU-Ländern gelten die in der EU üblichen Beschränkungen sowie einige einschränkende Bestimmungen bezüglich Fleischprodukten und Pflanzen. Alkohol und Tabak dürfen für den persönlichen Gebrauch eingeführt werden: Erlaubt sind 800 Zigaretten, zehn Liter Spirituosen, 90 Liter Wein und 110 Liter Bier. Für Reisende aus Ländern außerhalb der EU gelten erheblich strengere Bestimmungen.

3 Öffnungszeiten
In der Regel sind Läden von 10 bis 18 Uhr geöffnet; kleine Läden wie Bäckereien und Zeitungs-/Tabakläden öffnen früher. Manche Geschäfte sind mittags geschlossen, haben dafür jedoch abends länger geöffnet. An Sonntagen sind zwar größere Läden und Supermärkte geschlossen, doch viele Konditoreien, Feinkostgeschäfte und Andenkenläden haben geöffnet. Manche Läden haben an einem Tag in der Woche bis spätabends geöffnet. Es gibt jedoch in keiner der vier Städte einen allgemeinen langen Verkaufsabend.

4 Supermärkte
Leckere Mitbringsel wie Trappistenbier, Stella Artois, Wein, Schokolade von Côte d'Or und Gebäck gibt es in Supermärkten. Die großen Märkte, etwa die der Kette Delhaize, liegen allerdings meist in Vorstädten und sind nur mit dem Auto erreichbar.

5 Shopping-Center
In allen Städten gibt es überdachte Einkaufszentren *(siehe S. 71, 90, 98, 107)* mit Boutiquen und Ladenketten.

6 Pralinen
Hochwertige belgische Pralinen werden mit frischer Sahne zubereitet und haben deshalb eine begrenzte Haltbarkeit. Gekühlt sind sie etwa drei Wochen haltbar.

7 Bier & Wein
Belgisches Bier ist gut und preiswert. Besondere Sorten erhält man in Spezialläden; gängige Marken werden in Lebensmittelläden und Supermärkten verkauft. Die Belgier lieben französischen Wein, der hier etwa so viel kostet wie im Erzeugerland.

8 Echte Spitze
Echte, handgeklöppelte Spitze ist teuer. Bestehen Sie immer auf einem Echtheitszertifikat *(siehe S. 54)*.

9 Mode
In den Stadtzentren drängen sich die Modeläden, in denen Importware zu günstigen Preisen angeboten wird. Es gibt aber auch bekannte belgische Designer. Antwerpens Status als Belgiens Modehauptstadt zeigt sich an den zahlreichen Designerboutiquen *(siehe S. 107)* – Spitzenmarken erhält man aber ebenso in den anderen Städten. Namhafte belgische Modelabels sind etwa Olivier Strelli und Rue Blanche, die in den meisten Städten Filialen unterhalten.

10 Internationale Bücher
In Brüssel, Brügge, Gent und Antwerpen gibt es eine Vielzahl an Buchhandlungen; einige davon bieten auch fremdsprachige Bücher an. Ein gutes deutschsprachiges Sortiment finden Sie in Brüssel bei Het Ivoren Aapje.
Begijnhofplein 4, 1000 BRU • (02) 219 46 86

Links **Die meisten Museen haben montags geschlossen** Rechts **Fußgängerüberweg**

TOP 10 Vorsicht!

1 Überholspur
Bei belgischen Autofahrern ist die Kunde vom Sicherheitsabstand offensichtlich noch nicht angekommen – auf der Überholspur kleben hier die meisten bei Höchstgeschwindigkeit an der Stoßstange des Vordermanns. Keinesfalls nachmachen!

2 Zebrastreifen
Zwar kann man diese Fußgängerüberwege natürlich nutzen, aber man sollte Vorsicht walten lassen. In Belgien gibt es erst seit dem Jahr 1996 ein Gesetz, das Autofahrer verpflichtet, am Zebrastreifen zu halten. Zuvor wurde nur gestoppt, wenn es sich nicht vermeiden ließ, weil sich todesmutige Fußgänger auf die Straße wagten. Einige belgische Fahrer leben noch immer in dieser »guten alten Zeit«.

3 Priorité de droite
Die frühere Regel *priorité de droite* (rechts vor links) wurde dahingehend geändert, dass der Verkehr auf Hauptstraßen generell Vorfahrt genießt. Rechts vor links gilt aber immer noch in vielen Gegenden von Brüssel. Achten Sie auf entsprechende Verkehrszeichen.

4 Alkohol am Steuer
Lassen Sie das Auto stehen, wenn Sie trinken wollen. Der erlaubte Blutalkoholgehalt liegt bei 0,5 Promille. Bußgelder werden von Ausländern sofort und bar einkassiert; bei schwerwiegenderen Vorfällen drohen empfindliche Strafen.

5 Autofahren im Zentrum Brügges
In Brügge hat man einiges unternommen, damit Autofahrer die riesigen Parkplätze am Stadtrand nutzen – für Besucher eine bequeme Lösung, denn das Zentrum liegt nur einen Kilometer entfernt. Die Hotels im Zentrum kann man natürlich anfahren – außerhalb der Hochsaison findet man dort vielleicht sogar einen Parkplatz.

6 Mücken
Die Brügger Kanäle (in geringerem Maß auch die Genter) sind ideale Brutstätten für Mücken. Vergessen Sie im Sommer also nicht, ein Mittel gegen Stechmücken im Gepäck zu haben. Wer auf diese Quälgeister allergisch reagiert, der sollte ein Hotelzimmer mit Klimaanlage buchen und nachts die Fenster geschlossen halten.

7 Toiletten
Die öffentlichen Toiletten in den Innenstädten sind in der Regel ordentlich gepflegt; die Benutzung kostet rund 30 Cent. Wer die Toiletten in Bars oder Cafés präferiert, sollte zumindest ein Getränk oder einen Kaffee bestellen.

8 Hochsaison in Brügge
Im Sommer ist Brügge überlaufen. Im Südwesten der Stadt parken die Reisebusse in Scharen, die Urlauber strömen in endlosen Menschenmassen durch die Straßen ins Zentrum. Um die Stadt dennoch genießen zu können, plant man entweder einen mehrtägigen Aufenthalt oder erkundet sie zu ruhigeren Tageszeiten. Man kann natürlich auch die weniger belebten Stadtviertel besichtigen, wobei als Faustregel gilt: den Südwesten meiden. Reisen Sie außerhalb der Spitzenzeiten an, wobei in Brügge fast immer viel los ist.

9 Museen am Montag
Die großen Museen und Sammlungen sind montags geschlossen. Planen Sie für diesen Tag einen Einkaufsbummel oder Kirchenbesichtigungen.

10 Urlauberrestaurants
Erkennungszeichen: viersprachige Plastikspeisekarten, Kellner, die an der Tür um Sie buhlen, gänzlicher Mangel an einheimischen Gästen; Terrassen an den schönsten Orten der Innenstädte. Lassen Sie diese Lokale links liegen, sie sind meist mittelmäßig und teuer. Schauen Sie sich lieber etwas um, oder fragen Sie Einheimische nach guten Lokalen.

Es ist zwar fast unmöglich, in Belgien schlecht zu essen – dennoch lohnt es, sich vorab über Lokale zu erkundigen.

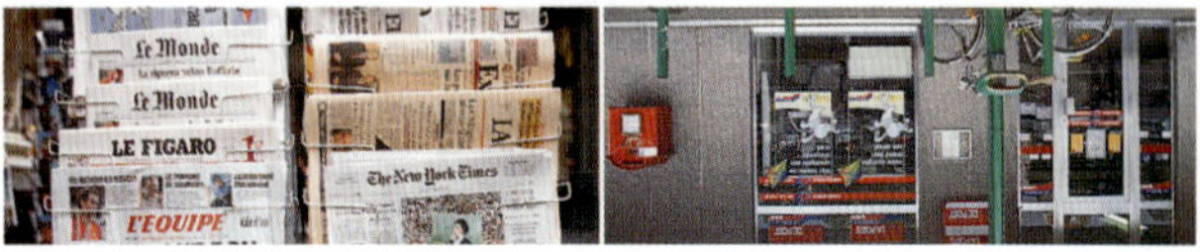

Links **Zeitungsstand mit internationaler Presse** Rechts **Postamt**

Top 10 Geld & Kommunikation

1 Geldwechsel
Die belgische Währung ist der Euro. Andere Währungen und Reiseschecks können in Banken und Wechselstuben eingetauscht werden. Beachten Sie beim Vergleich der Wechselkurse auch stets die Gebühren!

2 Banken
Banken haben in der Regel Mo–Fr 9–13 Uhr (oder 9.30–12 Uhr) und 14–16 Uhr geöffnet. Einige große Filialen schließen auch während der Mittagszeit nicht; manche Banken haben samstagvormittags geöffnet. Wechselstuben haben längere Öffnungszeiten und sind auch an Wochenenden offen.

3 Geldautomaten
In belgischen Städten gibt es genügend Geldautomaten, an denen Sie mittels Maestro-/EC- oder Kreditkarte und Persönlicher Identifikationsnummer (PIN) Geld abheben können.

4 Kreditkarten
In Belgien kommt man mit den meisten Kredit- und auch mit einer Debitkarte gut zurecht. Fast alle Restaurants akzeptieren Kartenzahlung; sicherheitshalber sollte man vorab fragen. Einige kleinere Hotels nehmen nur Bargeld.

5 Reiseschecks
Reiseschecks werden in einigen Hotels und Läden akzeptiert, verlieren aber zunehmend an Stellenwert. Wählen Sie international gängige Anbieter wie American Express oder Thomas Cook.

6 Telefon & Handy
Öffentliche Telefone werden von der früheren staatlichen Telefongesellschaft Belgacom betrieben. Für öffentliche Fernsprecher benötigt man eine Telefonkarte der Belgacom. Alle in Europa gängigen GSM-Handys funktionieren problemlos. Die Roaming-Gebühren wurden im Sommer 2007 von der EU für alle Mitgliedsstaaten begrenzt.

7 Postämter
Postämter haben Mo–Fr 9–17 Uhr geöffnet. An die Hauptpostämter der Städte kann man sich postlagernd Briefe senden lassen. Einige Postämter bieten Faxdienste an. Briefmarken sind auch in manchen Tabak- und Zeitungsläden erhältlich – oder in Läden, die Postkarten verkaufen.

8 Internet-Cafés
Viele Hotels, die auf Geschäftsreisende ausgerichtet sind, verfügen über Internet-Anschluss. In allen Städten gibt es Internet-Cafés.
www.cybercafes.com

9 Zeitungen
Die belgische Presse repräsentiert den Sprachenstreit Wallonisch vs. Flämisch. Wichtige französischsprachige Zeitungen sind *Le Soir*, *La Libre Belgique* und *La Dernière Heure*; auf Flämisch erscheinen *Het Laatste Nieuws*, *De Standaard* und *De Morgen*. Internationale Presse erhält man in Zeitungs- und Buchläden. In Brüssel erscheint die englischsprachige Zeitschrift *The Bulletin*.

10 TV-Programme
Auch im Fernsehen ist der Sprachenstreit allgegenwärtig. Es gibt zahlreiche über Kabel zu empfangende europäische und US-amerikanische Sender. Fast alle Hotelzimmer sind mit Kabel-TV ausgestattet.

Telefonvorwahlen

Vorwahl von Belgien
0032

Ortsvorwahlen
Antwerpen: (0)3
Brügge: (0)50
Brüssel: (0)2
Gent: (0)9

Von Belgien nach
Deutschland: 0049
Österreich: 0043
Schweiz: 0041

Kreditkartenverlust

- *Allg. Notrufnummer: 0049 116 116*
- *American Express: 0049 69 97 97 10 00*
- *Diners Club: 02 206 97 00*
- *MasterCard: 0800 15 096*
- *Visa: 070 34 43 44*

Sperr-Notruf 116 116 bei Kreditkartenverlust **www.116116.eu**

Links **Apotheke** Rechts **Ein Polizist erklärt den Weg**

TOP 10 Sicherheit & Gesundheit

1 Notfälle
In Belgien sind Nachbarschaftshilfe und Gemeinschaftssinn fest verankert. Wer das Pech haben sollte, einen Notfall zu erleiden, wird deshalb sicher einfühlsame und effektive Hilfe erhalten. Die belgischen Notfalldienste arbeiten effizient und zuverlässig.
Polizei: 101 Feuer/Unfall/Ambulanz: 100 Giftzentrale: 070 245 245

2 Versicherung
Bürger aus EU-Staaten genießen mit der Europäischen Versicherungskarte (EHIC) Krankenversicherungsschutz. Eine zusätzliche Reiseversicherung ist jedoch empfehlenswert; sie deckt auch Behandlungen ab, die sonst nicht übernommen werden, und trägt die Kosten für einen eventuell nötigen Heimtransport. Auch wenn Sie krankenversichert sind, müssen Sie ärztliche Behandlungen bar bezahlen – stellen Sie also sicher, dass Sie über genügend finanzielle Mittel verfügen. Die Kosten können Sie sich zu Hause von Ihrer Krankenkasse rückerstatten lassen.

3 Ärzte
Bei Unfällen oder Erkrankungen werden Sie bei Allgemeinärzten oder in Stadtkrankenhäusern behandelt. Die meisten Hotels verfügen über Listen von Ärzten im Bereitschaftsdienst.

4 Zahnärzte
Belgische Zahnärzte sind gut ausgebildet und können bei Problemen ohne Vorbehalte aufgesucht werden.

5 Krankenhäuser
Belgien verfügt über eine Pflegetradition, die bis ins Mittelalter zurück reicht. Die meisten Hospitäler sind heute in modernen Gebäuden mit weitläufigen Anlagen in den Vorstädten oder am Stadtrand untergebracht. Belgiens Kliniken zählen zu den besten in Europa.

6 Apotheken
Die Apotheken in Belgien haben Mo–Sa 8.30–18.30 geöffnet. Für viele Belgier ist der Apotheker der erste Ansprechpartner bei kleineren gesundheitlichen Problemen. In jeder Gemeinde ist ein 24-Stunden-Dienst der Apotheken organisiert.

7 Pannen & Unfälle
Wer mit dem Auto unterwegs ist, sollte gut versichert sein, denn Abschlepp- und Reparaturkosten können in Belgien ein kleines Vermögen verschlingen. Pannendienste bieten die beiden großen belgischen Automobilclubs – Touring und VAB – an. *Touring: 070 34 47 77; www.touring.be*
VAB: (03) 253 61 30; www.vab.be

8 Kriminalität
Auch wenn die meisten belgischen Städte als relativ sicher gelten, sollten Sie die üblichen Vorsichtsmaßnahmen beachten. Schließen Sie Ihr Auto immer ab. Lassen Sie keine Wertgegenstände sichtbar im Wagen liegen. Tragen Sie nicht zu viel Geld mit sich herum, ebenso wenig Ihr Rückflug- oder Rückfahrtticket. Passen Sie auf Ihre Tasche und andere Wertgegenstände auf. Vergessen Sie nicht, Ihr Hotelzimmer abzuschließen. Vermeiden Sie es, nachts in den Stadtvierteln westlich und nördlich der Brüsseler Innenstadt spazieren zu gehen.

9 Botschaften
Bei Verlust des Ausweises oder Problemen mit Behörden sollten Sie Ihre Botschaft in Brüssel konsultieren. *Deutsche Botschaft: Rue Jacques de Lalaingstraat 8–14, 1040 Brüssel • (02) 787 18 00 • www.bruessel.diplo.de*
Österreichische Botschaft: Place Du Champs de Mars 5, 1050 Brüssel • (02) 289 07 00 • www.aussenministerium.at/bruessel
Schweizer Botschaft: Rue de la Loi 26, 1040 Brüssel • (02) 285 43 50 • www.eda.admin.ch/bruxelles

10 Ausweise
Sie sind in Belgien gesetzlich verpflichtet, stets Ausweispapiere (Pass oder Personalausweis) bei sich zu tragen. Die Polizei hat das Recht, Ihre Papiere jederzeit zu überprüfen.

Die landesweite Notrufnummer der Polizei lautet 101.

Links **Astoria** Rechts **Tropische Pflanzen und Brunnen im Foyer des Radisson SAS Hotel**

TOP 10 Brüssel: Luxushotels

1 Métropole

Brüssels berühmtestes Hotel ist eine modern ausgestattete Belle-Époque-Schönheit in zentraler Lage unweit der Grand Place. *Place de Brouckère 31, 1000 BRU • Karte C2 • (02) 217 23 00 • www.metropolehotel.com • €€€€€*

2 Astoria

Das Astoria nahe dem Königspalast erinnert mit seiner prächtigen Lobby und seinen beeindruckenden Gemeinschaftsräumen an das 18. Jahrhundert, wurde allerdings 1909 erbaut. In dem Flaggschiff der Sofitel-Hotelkette betteten schon Churchill und Eisenhower ihre Häupter zur Ruhe. *Rue Royale 103, 1000 BRU • Karte D2 • (02) 227 05 05 • www.sofitel.com • €€€€€*

3 Amigo

Das elegante, bequeme, leistungsstarke Amigo residiert an der Stelle eines Gefängnisses aus dem 16. Jahrhundert nahe der Grand Place. Es ist im Stil der spanischen Renaissance ausgestattet. *Rue de l'Amigo 1–3, 1000 BRU • Karte B3 • (02) 547 47 47 • www.roccofortehotels.com • €€€€€*

4 Jolly Grand Sablon

Das Hotel mit Blick auf die hübsche Place du Grand Sablon liegt fantastisch und bietet alle erstklassigen Einrichtungen der eleganten italienischen Hotelkette. Die Zimmer des komfortablen Hauses kosten am Wochenende nur die Hälfte. *Rue Bodenbroeck 2–4, 1000 BRU • Karte C4 • (02) 518 11 00 • www.jollyhotels.be • €€€€€*

5 Renaissance Brussels

Nahe dem Europäischen Parlament gelegen, bietet das Hotel der Marriott-Gruppe den von Volksvertretern und Eurokraten so hoch geschätzten Service und Komfort. Am Wochenende kann dann auch der Normalbürger Pool und Fitness-Center zu etwas günstigeren Preisen genießen. *Rue du Parnasse 19, 1050 BRU • Karte E5 • (02) 505 29 29 • www.renaissancehotel.com • €€€€€*

6 Marriott

Ein imposantes Haus der Marriott-Gruppe ganz in der Nähe der Börse und der Grand Place. Ideal gelegen für Shopping und Entertainment. *Rue Auguste Orts 3–7, 1000 BRU • Karte B2 • (02) 516 90 90 • www.marriott.com • €€€€*

7 Silken Berlaymont

Nahe der europäischen Machtzentrale und dem Cinquantenaire wohnen hier Diplomaten, Politiker und Journalisten, die nicht nur das topmoderne Kommunikationssystem, sondern auch Fitness-Center, Sauna und Dampfbad gerne nutzen. *Boulevard Charlemagne 11–19, 1000 BRU • Karte G3 • (02) 231 09 09 • www.hotelsilkenberlaymont.com • €€€€€*

8 Royal Windsor

Das zwischen Grand Place und den Musées Royaux des Beaux-Arts gelegene Luxushotel verwöhnt mit Zimmern im englischen Stil und Marmorbädern. *Rue Duquesnoy 5, 1000 BRU • Karte C3 • (02) 505 55 55 • www. warwickhotels.com • €€€€€*

9 Radisson SAS Royal Hotel

Im mit tropischen Pflanzen und Brunnen ausgestatteten Foyer fahren gläserne Lifte nach oben. In dem effizient geführten Hotel lockt auch das bekannte Restaurant Sea Grill *(siehe S. 74)*. *Rue Fossé-aux-Loups 47, 1000 BRU • Karte C2 • (02) 219 28 28 • www.radissonsas.com • €€€€€*

10 Conrad International

Das Hotel liegt südwestlich vom »Pentagon« nahe dem erstklassigen Einkaufsviertel rund um die Place Louise. Das moderne Komforthotel bietet sehr große Zimmer und beherbergt zwei renommierte Restaurants. *Avenue Louise 71, 1050 BRU • Karte C6 • (02) 542 42 42 • www.conradhotels.com • €€€€€*

Wenn nicht anders angegeben, akzeptieren alle Hotels Kreditkarten und bieten Zimmer mit Bad und Klimaanlage.

Le Plaza – komfortabel und luxuriös eingerichtet

Preiskategorien

Preis für ein Doppelzimmer pro Nacht (mit Frühstück, falls inklusive), Steuern und Service.		
	€	unter 60 €
	€€	60–100 €
	€€€	100–180 €
	€€€€	180–250 €
	€€€€€	über 250 €

Top 10 Brüssel: Hotels mit Flair

1 Le Dixseptième

Das kleine, bezaubernde Hotel in der Residenz des spanischen Botschafters aus dem 17. Jahrhundert ist eine Besonderheit. Es hat schön eingerichtete, nach belgischen Künstlern benannte Suiten. Unter den Dachbalken trifft man auf eine Mischung aus antikem Charme und modernem Flair.
Rue de la Madeleine 25, 1000BRU • Karte C3 • (02) 517 17 17 • www.lcdixseptieme.be • €€€€

2 Manos Premier

Das spektakulär designte Hotel verströmt das Flair eines großen, eleganten Privathauses. Angeboten werden auch Suiten, teilweise mit Dachterrasse. Das Manos steht südlich des Zentrums, außerhalb des »Pentagons«.
Chaussée de Charleroi 100–106, 1060 BRU (Saint-Gilles) • Karte C6 • (02) 537 96 82 • www.manoshotel.com/premier • €€€€€

3 Le Plaza

Zwischen Deckenfresken, Stuck und Blattgold im prächtigen Foyer und den Gemeinschaftsräumen des kürzlich renovierten Hotels fühlt man sich ein wenig wie zu Gast bei Ludwig XVI. Die Zimmer genügen höchsten Ansprüchen.
Boulevard Adolphe Max 118–26, 1000 BRU • Karte C1 • (02) 278 01 00 • www.leplaza-brussels.be • €€€€

4 Warwick Barsey Hotel

Das am Südende der Avenue Louise gelegene Hyatt Regency wurde vom französischen Designer Jacques Garcia in opulentem edwardianischen Stil umgebaut. Zimmer mit luxuriösem Komfort. *Avenue Louise 381–383, 1050 BRU • (02) 649 98 00 • www.warwickbarsey.com • €€€€€*

5 Stanhope

Das elegante Hotel nahe dem Königspalast erstrahlt im modernen britischen Landhausstil. Attraktive Wochenendangebote. *Square de Meeus 4, 1000 BRU • Karte E5 • (02) 506 91 11 • www.thonhotels.be • €€€€*

6 Comfort Art Hotel Siru

Jedes der 101 Zimmer wurde von einem anderen belgischen Künstler gestaltet – die Ergebnisse sind sehr unterschiedlich und ungewöhnlich. Das Hotel liegt südlich des Gare du Nord, ein paar Gehminuten vom Stadtzentrum entfernt.
Place Rogier 1, 1210 BRU (Saint-Josse-ten-Noode) • Karte C1 • (02) 203 35 80 • www.comforthotelsiru.com • €€€

7 Hilton Brussels City

Gegenüber dem Comfort Art Hotel Siru, auf der anderen Seite der Place Rogier, steht das Hilton Brussels City. Die moderne Version des Art déco ist eine reizvolle Mischung aus Chrom, Holz und schönen geometrischen Elementen.
Place Rogier 20, 1210 BRU (Saint-Josse-ten-Noode) • Karte C1 • (02) 203 31 25 • www.brussels-city.hilton.com • €€€€€

8 Saint Michel

Die Preise des kleinen Familienbetriebs an der Grand Place verdanken ihre Höhe mehr der superben Lage als dem angebotenen Komfort.
Grand Place 15, 1000 BRU • Karte C3 • (02) 511 09 56 • www.atgp.be • €€€

9 Melía Avenue Louise

Das komfortable und elegante »kleine Grandhotel« der spanischen Gruppe Melía befindet sich unweit der Avenue Louise nahe dem Shopping-Viertel der Place Louise. *Rue Blanche 4, 1000 BRU • (02) 535 95 00 • www.solmelia.com • €€€€€*

10 A La Grande Cloche

An einem ruhigen Platz, unweit dem Grand Place, liegt dieses attraktive und sehr preiswerte Hotel. Feinschmecker steigen hier gerne ab, denn gegenüber liegt das berühmte Restaurant Comme Chez Soi *(siehe S. 74)*. *Place Roupe 10, 1000 BRU • Karte B4 • (02) 512 61 40 • €€*

Hotelführer für Brüssel
www.hotel-reservation-brussels.com/deutsch.htm

Links **Des Eperonniers** Rechts **NH Atlanta – mit einem Frühstücksraum auf dem Dach**

TOP 10 Brüssel: preiswerte & Businesshotels

1 Novotel Brussels Centre – Tour Noire

Zu dem typischen Businesshotel gehören ein Wellness-Zentrum und die Tour Noire, einer der wenigen verbliebenen Wachtürme der Stadtmauer (12. Jh.). *Rue de la Vierge Noire 32, 1000 BRU • Karte B2 • (02) 505 50 50 • www.novotel.com • €€€*

2 Vendôme

Das einfache, voll ausgestattete Businesshotel liegt wenige Gehminuten von der Grand Place entfernt. *Blvd Adolphe Max 98, 1000 BRU • Karte C1 • (02) 227 03 00 • www.hotel-vendome.be • €€€€*

3 NH Atlanta

Das elegante, moderne Hotel wird charmant und professionell geführt. Besonderheiten sind die marmornen Bäder und der Frühstücksraum auf dem Dach. *Blvd Adolphe Max 7, 1000 BRU • Karte C2 • (02) 217 01 20 • www.nh-hotels.com • €€€€*

4 Atlas

Das gut geführte, moderne Hotel nahe der Place Sainte-Cathérine, Place Saint-Géry und Grand Place informiert auf seiner Website über seine günstigen Angebote in der Nebensaison. *Rue du Vieux Marché aux Grains 30, 1000 BRU • Karte B2 • (02) 502 60 06 • www.atlas-hotel.be • €€€€*

5 Citadines

Das Citadines vermietet Apartments oder Wohnungen mit Küche für eine oder – weitaus günstiger – für mehrere Nächte. Vernünftige Preise, zentrale Lage in der Nähe der Place Sainte-Cathérine. *Quai au Bois à Brûler 51, 1000 BRU • Karte B1 • (02) 221 14 11 • www.citadines.com • €€*

6 Le Châtelain

Die Postleitzahl 1000 lässt eine zentrale Lage vermuten, doch das Hotel in der Avenue Louise liegt unweit dem Musée Horta. Die Mischung aus Eleganz und Effizienz schlägt sich auch in den Zimmerpreisen nieder. *Rue du Châtelain 17, 1000 BRU • (02) 646 00 55 • www.le-chatelain.net • €€€€€*

7 Noga

Das gut geführte kleine Hotel hat treue Gäste. Ein Pluspunkt ist seine charmante, malerische Mischung aus Modernität und Tradition. Das Noga liegt im ruhigen Viertel Béguinage in der Nähe der Place Sainte-Cathérine. *Rue du Béguinage 38, 1000 BRU • Karte B1 • (02) 218 67 63 • www.nogahotel.com • €€*

8 George V

Das kleine, freundliche Hotel in einer *maison de maître* aus dem 19. Jahrhundert bezaubert mit klassischem englischen Charme. Das George V liegt westlich der Grand Place nahe den lebhaften Cafés und Bars der Place Saint-Géry. *Rue t'Kint 23, 1000 BRU • Karte A3 • (02) 513 50 93 • www.george5.com • €€*

9 Des Eperonniers

Nur einen Katzensprung von der Grand Place entfernt, bietet das Hotel in der alten Villa ein exzellentes Preis-Leistungs-Verhältnis – vor allem für Familien oder Reisegruppen bis zu sechs Personen. Einige Zimmer haben prächtiges Gebälk. Die herzliche Atmosphäre des freundlichen Hotels zieht insbesonders junge Leute an. Die preiswertesten Zimmer besitzen allerdings kein eigenes Bad. *Rue des Eperonniers 1, 1000 BRU • Karte C3 • (02) 513 53 66 • €€*

10 Sleep Well Youth Hotel

Das zentrale, preiswerte Hotel erinnert mit seinen Gemeinschaftsbädern und den zwischen 11 und 15 Uhr unzugänglichen Räumen an eine Jugendherberge, bietet jedoch eine saubere, moderne Unterkunft mit fantastischem Preis-Leistungs-Verhältnis (vor allem für Gruppen und Familien). Die Zimmer im Anbau New Sleep Well haben alle ein Bad, kosten aber das Dreifache. *Rue du Damier 23, 1000 BRU • Karte C1 • (02) 218 50 50 • www.sleepwell.be • €*

Jugendherbergen in Brüssel
www.hostelsclub.com/city-de-69-Brussels.html

De Orangerie – in einem alten Kloster am Kanalufer gelegen

Preiskategorien

Preis für ein Doppelzimmer pro Nacht (mit Frühstück, falls inklusive), Steuern und Service

€	unter 60 €
€€	60–100 €
€€€	100–180 €
€€€€	180–250 €
€€€€€	über 250 €

Top 10 Brügge: Hotels mit Komfort

1 Die Swaene

Das kleine Hotel steht am Kanalufer und ist Teil einer Häuserzeile (15. Jh.) im Zentrum Brügges nahe der Burg. Das Haus bietet Himmelbetten, Swimmingpool und ein exzellentes Restaurant. *Steenhouwersdijk 1 • Karte L4 • (050) 34 27 98 • www.dieswaene-hotel.com • €€€€*

2 De Orangerie

In dem hübschen Hotel in einem umgebauten Kloster aus dem 15. Jahrhundert kann man direkt am Kanalufer frühstücken. Das Haus ist klassisch-elegant eingerichtet. *Karthuizerinnenstraat 10 • Karte K4 • (050) 34 16 49 • www.hotelorangerie.com • €€€€*

3 De Tuilerieën

Das Schwesterhaus von De Orangerie nahe dem Groeningemuseum lockt mit der Eleganz des 18. Jahrhunderts – und einem Swimmingpool. *Dijver 7 • Karte L4 • (050) 34 36 91 • www.hoteltuilerieen.com • €€€€€*

4 Romantik Pandhotel

Das Luxushotel in einem schönem Stadthaus aus dem 18. Jahrhundert hat besondere Anstrengungen unternommen, um dem Ruf »romantisch« gerecht zu werden. Das Haus ist wunderschön und äußerst komfortabel (Himmelbetten!) ausgestattet. Es liegt nahe der Burg in einer baumbestandenen Straße. *Pandreitje 16 • Karte L4 • (050) 34 06 66 • www.pandhotel.com • €€€*

5 Manoir Red

Das elegante Hotel in einer schönen alten Villa aus dem 18. Jahrhundert liegt in einer ruhigen Straße, ganz in der Nähe des Stadtzentrums. Vom hervorragenden Restaurant *(siehe S. 92)* aus überblickt man den wunderschönen Garten. *Nieuwe Gentweg 53 • Karte L5 • (050) 33 70 70 • www.manoirred.com • €€€*

6 Relais Oud Huis Amsterdam

Nördlich des Markts steht dieses sehr beliebte Brügger Hotel. Es ist Teil eines Häuserensembles aus dem 17. Jahrhundert am Ufer des Spiegelrei. Die Zimmer sind mit schönen Antiquitäten ausgestattet. Das Haus verströmt den besonderen Charme entspannter Eleganz, der auch den Stil der Hotelführung kennzeichnet. *Spiegelrei 3 • Karte L3 • (050) 34 18 10 • www.oha. be • €€€€*

7 Sofitel Brugge

Unter den Hotels am Zand, einem großen offenen Platz im Westen der Stadt Brügge gelegen, ist das Sofitel mit seinen bequemen Zimmern und dem Swimmingpool wohl das beste. *Boeveriestraat 2 • Karte J5 • (050) 44 97 11 • www.sofitel.com • €€€€*

8 De Castillion

Das komfortable Hotel in einer Bischofsresidenz aus dem 17. Jahrhundert liegt westlich des Zentrums. Es bietet hübsch eingerichtete Zimmer und Badezimmer sowie ein Luxusrestaurant. *Heilige Geeststraat 1 • Karte K4 • (050) 34 30 01 • www.castillion.be • €€€€*

9 Holiday Inn Crowne Plaza

Zentraler geht es nicht: Das Crowne Plaza steht an der Burg, mitten im Herzen von Brügge. Zu dem effizient geführten, modernen Hotel gehören auch die historisch interessanten Fundamente einer mittelalterlichen, dem hl. Donat geweihten Kirche. Das Hotel besitzt ein Hallenschwimmbad und eigene Parkmöglichkeiten. *Burg 10 • Karte L4 • (050) 44 68 44 • www.crowneplaza.com/bruggebel • €€€€€*

10 De' Medici

In Kanallage: Das moderne Hotel, im ruhigeren östlichen Teil der Stadt gelegen, gehört zur Golden-Tulip-Gruppe. Es verfügt über ein japanisches Restaurant sowie über Fitness-Center, Sauna und Dampfbad. *Potterierei 15 • Karte L2 • (050) 33 98 33 • www.hoteldemedici.com • €€€€*

Wenn nicht anders angegeben, akzeptieren alle Hotels Kreditkarten und bieten Zimmer mit Bad und Klimaanlage.

Links **Navarra** Rechts **Jan Brito – in einem Gebäude aus dem 16. Jahrhundert**

Top 10 Brügge: Mittelklassehotels

1 Navarra
Das ehemalige Handelshaus der Kaufleute von Navarra an der Nordseite des Markts ist ein elegantes Hotel. Es bietet guten Service und Komfort, Fitness-Center und Pool. *Sint-Jakobsstraat 41 • Karte K3 • (050) 34 05 61 • www.hotelnavarra.com • €€€*

2 Adornes
Das Adornes ist Teil einer Gruppe renovierter Häuser aus dem 16. bis 18. Jahrhundert in Kanalnähe. Es liegt im ruhigeren östlichen Teil der Innenstadt, nur wenige Minuten vom Zentrum. Das Haus verströmt einen leicht rustikalen Charme. Für Gäste stehen kostenlos Fahrräder zur Verfügung. *Sint-Annarei 26 • Karte L3 • (050) 34 13 36 • www.adornes.be • €€€*

3 Prinsenhof
Das hübsche kleine Hotel versteckt sich in einer Seitenstraße in einem Viertel westlich der Innenstadt – da, wo einst der prächtige Palast der Herzöge von Burgund stand. Ein kleines bisschen Glanz und Gloria hat sich im Dekor des Hotels noch erhalten. *Ontvangersstraat 9 • Karte K4 • (050) 34 26 90 • www.prinsenhof.be • €€€*

4 Walburg
Das wunderschöne Haus aus dem 19. Jahrhundert ist ein Hort von Stil und Raffinesse. Die hohen, weiß gehaltenen Gemeinschaftsräume mit Blick auf den Garten zieren klassizistische Elemente. *Boomgaardstraat 13–15 • Karte L3 • (050) 34 94 14 • www. hotels-belgium.com/brugge/walburg.htm • €€€€*

5 Duc de Bourgogne
Das kleine Hotel in einem historischen Haus besitzt eine der schönsten Lagen der Stadt. Auf einer Seite liegt der hübsche kleine Platz Huidenvettersplein, auf der anderen eröffnet sich der Blick über die Kanäle. Die Zimmer sind einfach, aber komfortabel ausgestattet. *Huidenvettersplein 12 • Karte L4 • (050) 33 20 38 • www.ducdebourgogne.be • €€€*

6 Egmond
Eine abgeschiedene Oase in einem kleinen, baumbestandenen Park beim Minnewater im Süden der Stadt. Sehr edel mit Stufengiebelfassade und Herrenhausflair. *Minnewater 15 • Karte K6 • (050) 34 14 45 • www.egmond.be • keine Kreditkarten • €€€*

7 Ibis Brugge Centrum
In diesem Haus herrscht die schnörkellose Effizienz der Ibis-Kette. In dem Hotel umweht einen nicht gerade der Hauch der Geschichte, doch man findet Komfort in angenehm zentraler Lage. *Katelijnestraat 65a • Karte L5 • (050) 33 75 75 • www.ibishotel.com • €€€*

8 Heritage
Das schöne, komfortable Hotel in einem Haus aus dem 19. Jahrhundert liegt im alten Kaufmannsviertel nördlich des Markts. Es lockt mit Wellness- und Fitness-Center im Keller sowie einer Sonnenterrasse auf dem Dach. *Niklaas Desparsstraat 11 • Karte K3 • (050) 44 44 44 • www.hotel-heritage.be • €€€*

9 Parkhotel
Das gut geführte Hotel gehört zu den größeren Häusern am Zand und überzeugt mit eleganter Ausstattung und professionellem Service. Vom Zand, dem weitläufigen Marktplatz im Westen, erreicht man in zehn Minuten das Zentrum. *Vrijdagmarkt 5 • Karte J5 • (050) 33 33 64 • www.parkhotel-brugge.be • €€€*

10 Jan Brito
Das zentral zwischen Burg und dem Koningin Astridpark gelegene Jan Brito residiert in einem schönen Haus aus dem 16. Jahrhundert mit Stufengiebel und Ziegelfassade. Die bezaubernden Gemeinschaftsräume sind im Louis-XVI-Stil eingerichtet. Hübsch ist auch der »Renaissance-Garten«. *Freren Fonteinstraat 1 • Karte L4 • (050) 33 06 01 • www.janbrito.com • €€€*

Wenn nicht anders angegeben, akzeptieren alle Hotels Kreditkarten und bieten Zimmer mit Bad und Klimaanlage.

De Pauw – ein freundlicher Familienbetrieb im nördlichen Brügge

Preiskategorien

Preis für ein Doppelzimmer pro Nacht (mit Frühstück, falls inklusive), Steuern und Service.

€	unter 60 €
€€	60–100 €
€€€	100–180 €
€€€€	180–250 €
€€€€€	über 250 €

TOP 10 Brügge: preiswerte Hotels

1 Botaniek
Das kleine, aber attraktive Hotel steht auf der schmalen Grundfläche eines Hauses aus dem 18. Jahrhundert. Die schnörkellosen Zimmer sind angenehm, die Gemeinschaftsräume hübsch, die Atmosphäre ist freundlich. Die Lage nahe dem Koningin Astridpark ist sehr zentral. Schauen Sie auf der Website nach Angeboten. *Waalsestraat 23 • Karte L4 • (050) 34 14 24 • www.botaniek.be • €€*

2 Patritius
Angesichts der Preise residiert das Patritius in einem überraschend prächtigen Haus aus dem 19. Jahrhundert nordöstlich des Markts. *Ridderstraat 11 • Karte L3 • (050) 33 84 54 • www.hotelpatritius.be • €€*

3 Ter Brughe
In dem bezaubernden alten Viertel nordöstlich des Augustijnenrei-Kanals findet man dieses Hotel in einem Gebäude aus dem 16. Jahrhundert mit Blick auf den Kanal. Der Frühstücksraum liegt in einem Keller mit Ziegelgewölben. *Oost Gistelhof 2 • Karte K3 • (050) 34 03 24 • www.hotelterbrughe.com • €€€*

4 Ter Duinen
Das kleine Hotel im Norden der Stadt scheint etwas abseits gelegen, ist jedoch nur 15 Gehminuten von Brügges Zentrum entfernt. Die angenehmen Zimmer sind mit Doppelfenstern und Klimaanlage ausgestattet; die Gemeinschaftsräume sind freundlich-elegant. *Langerei 52 • Karte L2 • (050) 33 04 37 • www.terduinenhotel.be • €€€*

5 Lucca
Hinter der klassizistischen Fassade aus dem 18. Jahrhundert verbirgt sich ein noch älterer Teil – hier frühstückt man im mittelalterlichen Kellergewölbe. In dem Hotel logierten einst Kaufleute aus Lucca, die Verbindungen zu dem Bankier Giovanni Arnolfini besaßen. Ihn porträtierte Jan van Eyck in seinem berühmten Gemälde *Die Arnolfini-Hochzeit*. Moderate Preise. *Naaldenstraat 30 • Karte K3 • (050) 34 20 67 • www.hotellucca.be • €€*

6 Ter Reien
Das östlich der Burg malerisch am Kanal gelegene Hotel bietet gute Zimmer, guten Service und ein exzellentes Preis-Leistungs-Verhältnis. *Langestraat 1 • Karte L3 • (050) 34 91 00 • www.hostels-belgium.com/brugge/terreien.htm • €€*

7 De Pauw
Das hübsche familiengeführte Hotel mit den Blumen an der verwitterten Ziegelfassade steht nahe der alten Pfarrkirche St. Giles in der ruhigen nördlichen Altstadt. Es ist nur zehn Minuten vom Zentrum entfernt. Die freundliche Innenausstattung lässt an ein Privathaus denken. *Sint-Gilliskerkhof 8 • Karte L2 • (050) 33 71 18 • www.hoteldepauw.be • €€*

8 Passage
Zum preiswerten 14-Zimmer-Hotel mit exotisch-lässigem Touch gehört auch ein günstigeres »Jugendhotel«. Es ist mit dem ebenfalls reizenden Gran Kaffee de Passage verbunden *(siehe S. 93)*. *Dweerstraat 26 • Karte K4 • (050) 34 02 32 • www.passagebruges.com • €*

9 Bauhaus Hotel
Das beliebte, freundliche »International Youth Hotel« liegt im Osten der Stadt, etwa 15 Minuten vom Zentrum entfernt. Es bietet die preiswerteste Unterkunft, ein günstiges Restaurant, eine Bar sowie ein Internet-Café. *Langestraat 135 • Karte M3 • (050) 34 10 93 • www.bauhaus.be • €*

10 Charlie Rockets
Das »Jugendhotel« mit sehr einfachen Zimmern liegt in einem umgebauten Kino; es gibt eine große, laute Café-Bar, wo man sich bei Rockmusik, Nachos und Burgern unterhält. Faire Preise angesichts der zentralen Lage. *Hoogstraat 19 • Karte L4 • (050) 33 06 60 • www.charlierockets.com • €*

Weitere Hotels in Brügge **www.hotels-brugge.org**

Links **Erasmus – kleines Hotel in einem Patrizierhaus (16. Jh.)** Rechts **Poortackere Monasterium**

TOP 10 Hotels in Gent

1 Erasmus

Das kleine Hotel in einem Patrizierhaus aus dem späten 16. Jahrhundert bezaubert durch Originaldetails und echte Antiquitäten. Das Haus mit der freundlichen, entspannten Atmosphäre liegt westlich des Stadtzentrums.
Poel 25 • Karte P2 • (09) 224 21 95 • www.erasmushotel.html • €€€

2 Gravensteen

Eines der elegantesten Hotels in Gent residiert in einem grandiosen Gebäude aus dem 19. Jahrhundert in Zentrumsnähe. Die renovierten Gemeinschaftsräume geben sich im Glanz des Empire-Stils; die Zimmer überzeugen durch ihre schlichte Eleganz. *Jan Breydelstraat 35 • Karte P1 • (09) 225 11 50 • www.gravensteen.be • €€€*

3 Sofitel Gent Belfort

Ein Hotel mit dem für die Sofitel-Kette typischen eleganten Komfort. Das Belfort verfügt über alle Luxuseinrichtungen inklusive Fitness-Center und Sauna. Das Haus liegt sehr zentral gegenüber dem Stadhuis.
Hoogpoort 63 • Karte Q2 • (09) 233 33 31 • www.sofitel.com • €€€€€

4 Cour St-Georges/ Sint-Jorishof

Die altehrwürdige Institution (seit 1228!) nimmt für sich in Anspruch, das älteste Hotel Europas zu sein. Die Zimmer im Hauptgebäude sind »vornehm verschlissen«; der Anbau ist moderner.
Botermarkt 2 • Karte Q2 • (09) 224 24 24 • www.courstgeorges.com • €€€

5 Aparthotel Castelnou

Das moderne Hotelgebäude liegt östlich des Zentrums, etwa 15 bis 20 Minuten von der Sint-Baafskathedraal entfernt. Hier gibt es Apartments und Zimmer für eine oder mehrere Nächte zu moderaten Preisen. Wegen der etwas zentrumsfernen Lage ist das hoteleigene Restaurant gut besucht. *Kasteellaan 51 • (09) 235 04 11 • www.castelnou.be • €€*

6 Ibis Gent Centrum Kathedraal

Mitten im Zentrum von Gent und mit Blick auf die Sint-Baafskathedraal liegt dieses gut geführte und attraktive Haus der bekannten Ibis-Kette.
Limburgstraat 2 • Karte Q2 • (09) 233 00 00 • www.ibishotel.com • €€€

7 Ibis Gent Centrum Opera

Das zweite Ibis-Hotel befindet sich südlich des Stadtzentrums, etwa zehn Minuten von der Sint-Baafskathedraal entfernt. Das ziemlich nüchterne Haus ist gut besucht. Wer mit dem Auto kommt, sollte sich vorab informieren – das Hotel liegt in einem Gewirr von Einbahnstraßen, in dem man leicht die Orientierung (und die Geduld) verlieren kann.
Nederkouter 24–26 • Karte P3 • (09) 225 07 07 • www.ibishotel.com • €€€

8 Poortackere Monasterium

Das einzigartige Hotel ist in einem umgebauten Kloster ansässig. Der aus dem 19. Jahrhundert stammende Bau und die Anlagen verströmen eine Atmosphäre himmlischer Ruhe. Zudem liegt das freundliche, entspannte Haus sehr bequem – gleich westlich des Stadtzentrums von Gent.
Oude Houtlei 58 • Karte P2 • (09) 269 22 10 • www.monasteriumpoortackere.com • €€

9 Flandria

Das reizende Hotel liegt etwas versteckt in einer ruhigen Straße östlich der Sint-Baafskathedraal. Exzellentes Preis-Leistungs-Verhältnis – vor allem für Familien mit drei oder mehr Personen.
Barrestraat 3 • Karte R2 • (09) 223 06 26 • www.flandria-centrum.be • €

10 NH Ghent

Das komfortable, moderne Hotel liegt etwas abseits, etwa 1,5 Kilometer von der Sint-Baafskathedraal entfernt.
Koning Albertlaan 121 • Karte N5 • (09) 222 60 65 • www.nh-hotels.com • €€€€

Wenn nicht anders angegeben, akzeptieren alle Hotels Kreditkarten und bieten Zimmer mit Bad und Klimaanlage.

Preiskategorien

Preis für ein Doppelzimmer pro Nacht (mit Frühstück, falls inklusive), Steuern und Service.

€	unter 60 €
€€	60–100 €
€€€	100–180 €
€€€€	180–250 €
€€€€€	über 250 €

De Witte Lelie – elegantes Ambiente in einem Gebäude aus dem 17. Jahrhundert

TOP 10 Hotels in Antwerpen

1 De Witte Lelie

Es zählt zu den hübschesten kleinen Hotels in ganz Belgien – vielleicht sogar weltweit. Das wunderschöne Haus aus dem 17. Jahrhundert wurde fantasievoll in ein modernes Zehn-Zimmer-Hotel umgebaut; es lockt mit Charme und überraschender Ausstattung, bei der Weiß und Naturhölzer dominieren. Entspannt, elegant, interessant. *Keizerstraat 16 • Karte U1 • (03) 226 19 66 • www.dewittelelie.be • €€€€€*

2 Radisson SAS Park Lane

Elegantes, gut geführtes, modernes Spitzenhotel am Stadspark (1,5 Kilometer südöstlich der Kathedrale). Fitness-Center und Swimmingpool. *Van Eycklei 34 • Karte U3 • (03) 285 85 85 • www.radissonsas.com • €€€€*

3 Hilton

Nahe dem Groenplaats im Zentrum Antwerpens wurde in den 1920er Jahren dieser außergewöhnliche Palast mit dem auffälligen Kuppeldach errichtet – ein Warenhaus: der Bazar du Bon Marché. In einem Teil des Gebäudes residiert heute das elegante und exzellent geführte Hilton. Die meisten Zimmer liegen zum ruhigen Innenhof. *Groenplaats • Karte T2 • (03) 204 86 96 • www.antwerp.hilton.com • €€€€€*

4 Villa Mozart

Das gemütliche 25-Zimmer-Hotel der Best-Western-Kette steht mitten im Zentrum. Einfach möbliert, erfüllt es alle Anforderungen hinsichtlich Komfort und Zuverlässigkeit, die der Name Best Western beinhaltet. *Handschoenmarkt 3 • Karte T2 • (03) 231 30 31 • www.bestwestern.com • €€€*

5 Theater Hotel

Dieses moderne Komforthotel liegt sehr günstig: nahe dem Rubenshuis sowie wenige Minuten von der Kathedrale und den Einkaufsstraßen entfernt. *Arenbergstraat 30 • Karte U2 • (03) 203 54 10 • www.vhv-hotels.be • €€€€*

6 Antigone

Das kleine, moderne Hotel am Fluss bietet vernünftige Preise. Es liegt nahe dem Grote Markt, der Kathedrale und einigen Clubs, Bars und Restaurants gleich nördlich des Zentrums. *Jordaenskaai 11–12 • Karte T1 • (03) 231 66 77 • www.antigonehotel.be • €€*

7 't Sandt

Das Hotel in einem alten Patrizierhaus wurde in einer Art »Neo-Rokoko«-Stil elegant renoviert. Alle Suiten sowie das luxuriöse Penthouse liegen um einen begrünten Innenhof. Das Hotel liegt westlich der Kathedrale nahe dem Fluss. *Zand 17 • Karte T2 • (03) 232 93 90 • www.hotel-sandt.be • €€€*

8 Astrid Park Plaza

Das große, gut geführte Hotel in der Nähe des Hauptbahnhofs (Centraal Station) verfügt über große Konferenzräume und ist für Geschäftsreisende hervorragend ausgestattet. Zum Haus gehören ein Fitness-Center und Swimmingpool. *Koningin Astridplein 7 • Karte V2 • (03) 203 12 34 • www.parkplaza.com • €€€€*

9 Rubens Grote Markt

Im Hinterhof des ruhigen, freundlichen, gut geführten Hotels steht einer der wenigen verbliebenen mittelalterlichen Wachtürme, die früher die Stadtsilhouette prägten. *Oude Beurs 29 • Karte T1 • (03) 222 48 48 • www.hotelrubensantwerp.be • €€€*

10 Scheldezicht

Das freundliche und beliebte Hotel mit angemessenen Preisen und Blick auf die Schelde steht an einem kleinen Platz südwestlich der Kathedrale. Das Haus verfügt über einen ungekünstelten, traditionellen Charme. Das Frühstück wird in einem eichengetäfelten Raum serviert. *Sint-Jansvliet 10–12 • Karte T2 • (03) 231 66 02 • www.hotelscheldezicht.be • €€*

Bed & Breakfast in Antwerpen **www.gastenkamersantwerpen.be**

Textregister

M

N

Danksagung & Bildnachweis

Autor
Antony Mason ist der Autor zahlreicher Reiseführer, etwa der Cadogan City Guides über Brügge sowie über Brüssel (mit Brügge, Gent und Antwerpen). Zudem verfasste er *The Belgians* in der humorvollen Reihe der Xenophobe's Guides – und über 50 weitere Bücher über Geschichte, Geografie, Entdeckungen und Kunst. Mason lebt mit seiner belgischen Frau Myriam und seinem Sohn Lawrence in London.

Der Autor bedankt sich bei den folgenden Personen für ihre Hilfe: Dawn Page, Ilse van Steen, Anousjka Schmidt, Jean-Pierre Drubbel, Anne De Meerleer, Joke Dieryckx und Frank Deijnckens.

Produktion DP Services, ein Unternehmen der Duncan Petersen Publishing Ltd, 31 Ceylon Road, London W14 0PY

Projektredaktion Chris Barstow
Designer Janis Utton
Bildredaktion Lily Sellar
Register Hilary Bird
Factcheck Dan Colwell
Hauptfotograf Anthony Souter
Weitere Fotografien Demetrio Carrasco, Paul Kenward, David Murray, Jules Selmes
Illustrationen chrisorr.com
Kartografie Dominic Beddow, Simonetta Giori (Draughtsman Ltd)

Für Dorling Kindersley
Publisher Douglas Amrine
Senior Art Editor Kate Poole
Leitung Kartografie Casper Morris
DTP Jason Little
Herstellung Bethan Blase
Redaktionsassistenz Sam Merrell, Simon, Ryder, Kate Molan, Sadie Smith

Bildnachweis
o = oben; om = oben Mitte; ol = oben links; or = oben rechts; mlo = Mitte links oben; mo = Mitte oben; mro = Mitte rechts oben; ml = Mitte links; m = Mitte; mr = Mitte rechts; mlu = Mitte links unten; mu = Mitte unten; mru = Mitte rechts unten; ul = unten links; um = unten Mitte; ur = unten rechts; u = unten.

Wir haben uns bemüht, alle Copyright-Inhaber zu ermitteln und entschuldigen uns für eventuelle, unbeabsichtigte Auslassungen. Gerne werden wir entsprechende Angaben in den künftigen Auflagen aufnehmen.

Kunstwerke wurden mit der freundlichen Genehmigung folgender Copyright-Inhaber reproduziert: ©DACS London 2008 *Les Masques Singuliers* (1892) von James Ensor 13mro; ©ADAGP, Paris und DACS, London 2006 *Die Domäne von Arnheim* von René Magritte 13mr; ©DACS London 2006 *Baigneuse* von Léon Spilliaert 15u; ©DACS London 2006 *Les Troncs Gris* von Léon Spilliaert 34ur; ©Hergé/Moulinsart 2003 21mu, 55ul; Sofa Kandissy ©Alessandro Medini 39u.

Dorling Kindersley bedankt sich bei folgenden Personen, Institutionen, Unternehmen und Bildarchiven für die freundliche Genehmigung zur Reproduktion ihrer Fotografien:

AKG-IMAGES: Collection Schloss Ambras, Innsbruck/Erich Lessing, *Karl V.* (1549), Kopie nach Tizian 47mr; Museum der Bildenden Künste, Leipzig, *Die Grubenarbeiterinnen* (1880) von Constantin Meunier 37mr; Kunsthistorisches Museum, Wien/ Erich Lessing, *Philippe III le Bon, Herzog von Burgund* (um 1500) nach einem verlorenen Original von Rogier van der Weyden (Roger de la Pasture).

ANTWERPENER TOURISMUSBÜRO: 53ur, 53ul, 61ml, 64–65m, 102or, 103ur, 104ol, 104mr, 105ul, 105mr, 106ol, 106or.

BCB: Daniel Fouss 20ml, 21ol.

BRIDGEMAN ART LIBRARY: Christies Images, London, *Selbstporträt* von Pieter Paul Rubens (1557–1640) 30–31m; Koninklijk Museum voor Schone Kunsten, Antwerpen, *Pièta* (um 1629) von Antoon van Dyck 37ol.

CH. BASTIN & J. EVRARD: 34ol, 44um.

CORBIS: 56or; Archivo Iconografico, S.A, *Der Genter Altar* (1432) von Hubert van Eyck und Jan van Eyck (Detail) 7mru, 36or, 94ol, 26mu, 26ur, 26–27m, 27mr, 27mu, 35ur; Dave Bartruff 22mu; Michael Busselle 82–83m; Owen Franken 55mr; E.O. Hoppé 61mr; Diego Lezama Orezzoli 32–33m;

Sygma/John Hasselt 50or; Sygma/Van Parys 48mlu.
DE VLAAMSE OPERA, GENT: Kurt van der Elst 60or.

GENTER TOURISMUSBÜRO: 26ol, 94or, 95or, 96ml, 97mr.

HET BRUGS DIAMANTMUSEUM: 88or.

IN FLANDERS FIELDS MUSEUM: 63or.

Mtub 2003: J. Lafont 40or, 78ol.

KONINKLIJK MUSEUM VOOR SCHONE KUNSTEN, Antwerpen (België) 102ol.

MANOIR RED:92or; MARY EVANS PICTURE LIBRARY: 47ml.

MUSÉE D'IXELLES, BRUXELLES: Collection Ministère de la Communauté Française de Belgique, *Les Troncs Gris* von Léon Spillaert 34ur ©DACS London 2006.

MUSÉE DES INSTRUMENTS DE MUSIQUE: 6mu, 16mlo, 16–17m, 17o, 17mu, 17u, 38or, 53or.

MUSÉE DES SCIENCES NATURELLES: Photo-foto irscnb-kbin Th. Hubin 41ur.

MUSÉES ROYAUX DES BEAUX-ARTS DE BELGIQUE BRUXELLES – KONINKLIJKE MUSEA VOOR SCHONE KUNSTEN VAN BELGIË: Foto Speltdoorn, *Marats Tod* (1793) von Jacque-Louis David 6ml, 13om, *Pietà* von Rogier van der Weyden 12mro, *Les Masques Singuliers* (1892) von James Ensor 13mro ©DACS London 2008, *Die Domäne von Arnheim* von René Magritte 13mr ©ADAGP, Paris und DACS, London 2006, *Le puddleur* von C. Meunier 14u, *Marché d'oranges à Blidah* (1898) von Henri Evenepoel 15o, *Baigneuse* von Léon Spilliaert 15u ©DACS 2006, *Porträt des Laurent Froimont* von Rogier van der Weyden 36ul, Triptyque: *Le Ruisseau* von Baron Léon Frederic 67um; Foto Cussac, *Episode des Journées de Septembre 1830 sur la Place de l'Hôtel de Ville de Bruxelles* (1835) von Baron Gustaf Wappers 46or, *Übereilte Bestattung* von Antoine Wiertz 40ul, *Mariä Himmelfahrt* von Pieter Paul Rubens 36ol, *Dame in Blau vor Spiegel* (1914) von Rik Wouters, *Du Silence* 1890 von Fernand Khnopff 13ul, *Sturz des Ikarus* von Pieter Bruegel d. Ä. 12um.
MUSÉE DAVID ET ALICE VAN BUUREN: 34or.

MUSEUM DER STADT BRÜSSEL/MAISON DU ROI: *Senne* von J. B. van Moer 11u.

NEIL SETCHFIELD: 4–5m, 58ol.

OFFICE DE PROMOTION DU TOURISME WALLONIE: 76ol, 76mr.

REX FEATURES: 48or, 50ml, 51ul, 51mr; Sipa Press 48ol, 49ol.

ROBERT HARDING PICTURE LIBRARY: 35or; K. Gillham 87ul; Roy Rainford 88ol.

S.M.A.K.: Dirk Pauwels, Gent 35ml.

STEDELIJKE MUSEA BRUGGE: Groeningemuseum, *Jüngstes Gericht* von Hieronymus Bosch 24m, *Das Urteil des Cambyses* (1498) von Gerard David 24ur, *Jungfrau mit Kind und Kanonikus Joris van der Paele* von Jan van Eyck 25mo, *Secret-Reflet* (1902) Fernand Khnopff 25or, *Porträt einer Brügger Familie* von Jacob van Oost d. Ä. 84ol; Memlingmuseum/Sint-Janshospitaal, *Schrein der hl. Ursula* von Hans Memling 7mo, 24–25m, *Die Anbetung der Könige* von Hans Memling 25mr, *Moreel-Triptychon* von Hans Memling 25ul.

TOERISME BRUGGE/BRUGES TOURIST OFFICE: 87mr.

WORLD PICTURES: 62ul; Mike Hughes 56ol; Peter Scholey 6mo, 8–9m; Louise Thomson 85or; Oliver Troisfontaines 86ml.

UMSCHLAG:
Vorderseite: ALAMY IMAGES Peter Adams Photography Hauptbild; DK IMAGES Demetrio Carrasco mlu; Paul Kenward ul; Buchrücken: DK IMAGES Demetrio Carrasco; Rückseite: DK IMAGES Demetrio Carrasco mo; or; Paul Kenward ol.

Alle anderen Bilder:
© Dorling Kindersley.
Weitere Informationen unter
www.dkimages.com

Sprachführer Französisch

Notfälle

Hilfe!	**Au secours!**
Halt!	**Arrêtez!**
Rufen Sie einen Arzt!	**Appelez un médecin!**
Rufen Sie die Polizei!	**Appelez la police!**
Rufen Sie die Feuerwehr!	**Appelez les pompiers!**
Wo ist das nächste Telefon?	**Où est le téléphone le plus proche?**

Grundwortschatz

Ja/nein	**oui/non**
Bitte	**s'il vous plaît**
Danke	**merci**
Verzeihen Sie.	**Excusez-moi.**
Guten Tag.	**Bonjour.**
Auf Wiedersehen.	**Au revoir.**
Guten Abend.	**Bon soir.**
Morgen	**le matin**
Nachmittag	**l'après-midi**
Abend	**le soir**
gestern	**hier**
heute	**aujourd'hui**
morgen	**demain**
hier	**ici**
dort	**là bas**
Was?	**Quel/quelle?**
Wann?	**Quand?**
Warum?	**Pourquoi?**
groß	**grand**
klein	**petit**
heiß	**chaud**
kalt	**froid**
gut	**bon (bien)**
schlecht	**mauvais**
genug	**assez**
nahe	**près**
geradeaus	**tout droit**

Nützliche Redewendungen

Wie geht es Ihnen?	**Comment allez vous?**
Sehr gut, danke.	**Très bien, merci.**
Wie geht es?	**Comment ça va?**
Bis bald.	**À bientôt.**
Es geht mir gut.	**Ça va bien.**
Wo ist/sind ...?	**Où est/sont ...?**
In welcher Richtung liegt ...?	**Quelle est la direction pour ...?**
Sprechen Sie Deutsch/Englisch?	**Parlez-vous allemand/anglais?**
Ich verstehe nicht.	**Je ne comprends pas.**
Entschuldigung.	**Excusez-moi.**

Shopping

Wie viel kostet das?	**C'est combien?**
Ich hätte gern ...	**Je voudrais ...**
Haben Sie ...?	**Est-ce que vous avez ...?**
Nehmen Sie Kreditkarten?	**Est-ce que vous acceptez les cartes de crédit?**
Wann öffnen/schließen Sie?	**A quelle heure vous êtes ouvert/fermé?**
dieses dort	**celui-ci**
jenes dort	**celui-là**
teuer	**cher**
preiswert	**pas cher/bon marché**
Größe (Kleidung)	**la taille**
weiß	**blanc**
schwarz	**noir**
rot	**rouge**
gelb	**jaune**
grün	**vert**
blau	**bleu**

Läden & Märkte

Apotheke	**la pharmacie**
Bäckerei	**la boulangerie**
Bank	**la banque**
Buchladen	**la librairie**
Feinkostladen	**la charcuterie**
Fischladen	**la poissonerie**
Friseur	**le coiffeur**
Gemüsehändler	**le marchand de légumes**
Kaufhaus	**le grand magasin**
Konditorei	**la pâtisserie**
Laden (allgemein)	**le magasin**
Markt	**le marché**
Metzgerei	**la boucherie**
Pommes-frites-Stand	**la friterie**
Postamt	**le bureau de poste**
Reisebüro	**l'agence de voyage**
Schokoladengeschäft	**le chocolatier**
Supermarkt	**le supermarché**
Zeitungsladen/Tabakwarenladen	**le magasin de journaux/tabac**

Sightseeing

An Feiertagen geschlossen	**fermeture jour ferié**
Bahnhof	**la gare (SNCF)**
Bibliothek	**la bibliothèque**
Bushaltestelle	**la gare routière**
Garten(-anlage)	**le jardin**
Kathedrale	**la cathédrale**
Kirche	**l'église**
Kunstgalerie	**la galérie d'art**
Museum	**le musée**
Touristeninformation der Stadt	**les informations l'hôtel de ville**
Zug	**le train**

Im Hotel

Haben Sie ein freies Zimmer?	**Est-ce que vous avez une chambre?**
Doppelzimmer	**la chambre à deux personnes**
Zimmer mit Doppelbett	**la chambre avec un grand lit**
Zimmer mit zwei Betten	**la chambre à deux lits**
Einzelzimmer	**la chambre à une personne**
Zimmer mit Bad	**la chambre avec salle de bain**
Dusche	**la douche**
Ich habe reserviert.	**J'ai fait une réservation.**

Im Restaurant

Haben Sie einen freien Tisch?	**Avez vous une table libre?**
Ich möchte einen Tisch reservieren.	**Je voudrais réserver une table.**
Die Rechnung bitte!	**L'addition, s'il vous plait!**
Ich bin Vegetarier/in.	**Je suis végétarien/ne.**
Kellner	**Garçon**
Kellnerin	**Mademoiselle**
Speisekarte	**le menu**
Weinkarte	**la carte des vins**
Glas	**le verre**
Flasche	**la bouteille**
Messer	**le couteau**
Gabel	**la fourchette**
Löffel	**la cuillère**
Frühstück	**le petit déjeuner**
Mittagessen	**le déjeuner**
Abendessen	**le dîner**
Hauptgericht	**le grand plat**
Vorspeise	**l'hors d'oeuvres**
Nachspeise	**le dessert**
Tagesgericht	**le plat du jour**
Bar	**le bar**
Café	**le café**
blutig	**saignant**
medium	**à point**
durchgebraten	**bien cuit**

Auf der Speisekarte

Agneau	Lamm
Ail	Knoblauch
Artichaut	Artischocke
Asperges	Spargel
Bar/loup de mer	Barsch/Loup de Mer
Bière	Bier
Boeuf	Rindfleisch
Brochet	Hecht
Café	Kaffee
Café au lait	Milchkaffee, Kaffee mit Milch
Canard	Ente
Cerf/chevreuil	Wild
Chicon	Chicorée
Chocolat chaud	heiße Schokolade
Choux de bruxelles	Rosenkohl
Coquille Saint-Jacques	Jakobsmuschel
Crêpe	Crêpe, Pfannkuchen
Crevette	Garnele
Dorade	Goldbrasse/Dorade
Épinard	Spinat
Faisant	Fasan
Frites	Pommes frites
Fruits	Obst
Gauffre	Waffel
Hareng	Hering
Haricots	Bohnen
Haricots verts	grüne Bohnen
Homard	Hummer
Huitre	Auster
Jus d'orange	Orangensaft
L'eau	Wasser
L'eau minérale	Mineralwasser
Le vin	Wein
Légumes	Gemüse
Limonade	Limonade
Lotte	Seeteufel/Lotte
Moule	Muschel
Poisson	Fisch
Pommes de terre	Kartoffeln
Porc	Schweinefleisch
Poulet	Hühnchen
Raie	Rochen
Saumon	Lachs
Thé	Tee
Thon	Thunfisch
Truffe	Trüffel
Truite	Forelle
Veau	Kalbfleisch
Viande	Fleisch
Vin blanc	Weißwein
Vin maison	Hauswein
Vin rouge	Rotwein

Zahlen

0	**zéro**
1	**un/une**
2	**deux**
3	**trois**
4	**quatre**
5	**cinq**
6	**six**
7	**sept**
8	**huit**
9	**neuf**
10	**dix**
11	**onze**
12	**douze**
13	**treize**
14	**quatorze**
15	**quinze**
16	**seize**
17	**dix-sept**
18	**dix-huit**
19	**dix-neuf**
20	**vingt**
21	**vingt-et-un**
30	**trente**
40	**quarante**
50	**cinquante**
60	**soixante**
70	**septante**
80	**quatre-vingt**
90	**quatre-vingt-dix/ nonante**
100	**cent**
1000	**mille**
1 000 000	**million**

Zeit

Wie viel Uhr ist es?	**Quelle heure est-il?**
eine Minute	**une minute**
eine Stunde	**une heure**
eine halbe Stunde	**une demi-heure**
halb zwei Uhr	**une heure et demi**
ein Tag	**un jour**
eine Woche	**une semaine**
ein Monat	**un mois**
ein Jahr	**une année**
Montag	**lundi**
Dienstag	**mardi**
Mittwoch	**mercredi**
Donnerstag	**jeudi**
Freitag	**vendredi**
Samstag	**samedi**
Sonntag	**dimanche**

Sprachführer Flämisch

Notfälle

Hilfe!	**Help!**
Halt!	**Stop!**
Rufen Sie einen Arzt!	**Haal een dokter!**
Rufen Sie die Polizei!	**Roep de politie!**
Rufen Sie die Feuerwehr!	**Roep de brandweer!**
Wo ist das nächste Telefon?	**Waar is een telefoon?**
Wo ist das nächste Krankenhaus?	**Waar is een ziekenhuis?**

Grundwortschatz

Ja	**ja**
Nein	**nee**
Bitte.	**Alstublieft.**
Danke.	**Dank u.**
Verzeihen Sie.	**Pardon.**
Guten Morgen.	**Goede morgen.**
Auf Wiedersehen.	**Tot ziens.**
Gute Nacht.	**Slaap lekker.**
Morgen	**morgen**
Nachmittag	**middag**
Abend	**avond**
gestern	**gisteren**
heute	**vandaag**
morgen	**morgen**
hier	**hier**
dort	**daar**
Was?	**Wat?**
Wann?	**Wanneer?**
Warum?	**Waarom?**
Wo?	**Waar?**
Wie?	**Hoe?**
groß	**groot**
klein	**klein**
heiß	**warm**
kalt	**koud**
gut	**goed**
schlecht	**slecht**
genug	**genoeg**
nahe	**dichtbij**
geradeaus	**rechtdoor**
offen	**open**
geschlossen	**gesloten**

Nützliche Redewendungen

Wie geht es Ihnen?	**Hoe gaat het ermee?**
Sehr gut, danke.	**Heel goed, dank u.**
Wie geht es?	**Hoe maakt u het?**
Gut!	**Prima.**
Wo ist/sind …?	**Waar is/zijn …?**
Wie weit ist es nach …?	**Hoe ver is het naar …?**
Wie komme ich nach …?	**Hoe kom ik naar …?**
Sprechen Sie Englisch?	**Spreekt u Engels?**
Sprechen Sie Deutsch?	**Spreekt u Duits?**
Ich verstehe Sie nicht.	**Ik snap het niet.**
Entschuldigung.	**Sorry.**

Shopping

Ich schaue nur.	**Ik kijk alleen even.**
Wie viel kostet das?	**Hoeveel kost dit?**
Wann öffnen Sie?	**Hoe laat gaat u open?**
Wann schließen Sie?	**Hoe laat gaat u dicht?**
Ich hätte gern …	**Ik wil graag …**
Haben Sie …?	**Heeft u …?**
Nehmen Sie Kreditkarten?	**Neemt u credit cards aan?**
Nehmen Sie Reiseschecks?	**Neemt u reischeques aan?**
dieses dort	**deze**
jenes dort	**die**
teuer	**duur**
preiswert	**goedkoop**
Größe (Kleidung)	**maat**
weiß	**wit**
schwarz	**zwart**
rot	**rood**
gelb	**geel**
grün	**groen**
blau	**blauw**

Läden & Märkte

Antiquitätengeschäft	**antiekwinkel**
Apotheke	**apotheek**
Bäckerei	**bakkerij**
Bank	**bank**
Buchladen	**boekwinkel**
Feinkostladen	**delicatessen**
Fischladen	**viswinkel**
Friseur	**kapper**
Gemüsehändler	**groenteboer**
Kaufhaus	**warenhuis**
Konditorei	**banketbakkerij**
Markt	**markt**
Metzgerei	**slagerij**
Pommes-frites-Stand	**patatzaak**
Postamt	**postkantoor**
Reisebüro	**reisburo**
Supermarkt	**supermarkt**
Tabakladen	**sigarenwinkel**
Zeitungsladen	**krantenwinkel**

Sightseeing

An Feiertagen geschlossen	**op feestdagen gesloten**
Bahnhof	**station**
Bibliothek	**biblioteek**
Busfahrkarte	**kaartje**
Bushaltestelle	**busstation**
Einzelfahrt	**enkeltje**
Garten, Park	**tuin**
Kathedrale	**kathedraal**
Kirche	**kerk**
Kunstgalerie	**gallerie**
Museum	**museum**
Rathaus	**stadhuis**
Rückfahrkarte	**retourtje**
Tagesrückfahrkarte	**dagretour**
Touristeninformation	**dienst voor toerisme**
Zug	**trein**

Im Hotel

Haben Sie ein freies Zimmer?	**Zijn er nog kamers vrij?**
Doppelzimmer mit Doppelbett	**een twees persoons-kamer met een twee persoonsbed**

Doppelzimmer mit zwei Betten	**een twees persoons-kamer met een lits-jumeaux**
Einzelzimmer	**eenpersoons-kamer**
Zimmer mit Bad	**kamer met bad**
Zimmer mit Dusche	**kamer met douche**
Ich habe reserviert	**Ik heb gereserveerd.**

Im Restaurant

Haben Sie einen freien Tisch?	**Is er een tafel vrij?**
Ich möchte einen Tisch reservieren.	**Ik wil een tafel reserveren.**
Die Rechnung bitte!	**Mag ik afrekenen!**
Ich bin Vegetarier.	**Ik ben vegetariër.**
Kellner	**serveerster**
Kellnerin	**ober**
Speisekarte	**de kaart**
Weinkarte	**de wijnkaart**
Glas	**het glass**
Flasche	**de fles**
Messer	**het mes**
Gabel	**de vork**
Löffel	**de lepel**
Frühstück	**het ontbijt**
Mittagessen	**de lunch**
Abendessen	**het diner**
Hauptgang	**het hoofdgerecht**
Vorspeise	**het voorgerecht**
Nachspeise	**het nagerecht**
Tagesgericht	**het dagmenu**
Bar	**het café**
Café	**het eetcafé**
blutig	**rare**
medium	**medium**
durchgebraten	**doorbakken**

Auf der Speisekarte

Aardappels	Kartoffeln
Asperges	Spargel
Bier	Bier
Brood	Brot
Chocola	heiße Schokolade
Eend	Ente
Fazant	Fasan
Forel	Forelle
Frietjes	Pommes frites
Fruit/vruchten	Obst
Garnaal	Garnele
Groenten	Gemüse
Haring	Hering
Jus d'orange	Orangensaft
Kalfsvlees	Kalbfleisch
Kip	Hühnchen
Knoflook	Knoblauch
Koffie	Kaffee
Koffie met melk	Kaffee mit Milch
Kreeft	Krebs
Lamsvlees	Lamm
Lotte/zeeduivel	Lotte/Seeteufel
Mineraalwater	Mineralwasser
Mossel	Muschel
Oester	Auster
Pannekoek	Pfannkuchen
Pils, pilsje	Pils
rincesbonen/ snijbonen	grüne Bohnen
e (bok)	Wild
g	Rochen
de wijn	Rotwein
Rundvlees	Rindfleisch
Sint-Jacoboester/ Jacobsschelp	Jakobsmuschel
Snijbonen	Bohnen
Snoek	Hecht
Spinazie	Spinat
Spruitjes	Rosenkohl
Thee	Tee
Tonijn	Thunfisch
Truffel	Trüffel
Varkensvlees	Schweinefleisch
Verse jus	frisch gepresster Saft
Vis	Fisch
Vlees	Fleisch
Wafel	Waffel
Water	Wasser
Wijn	Wein
Witloof	Chicorée
Witte wijn	Weißwein
Zalm	Lachs
Zeebars	Barsch
Zeebrasem	Brasse/Dorade

Zahlen

1	**een**
2	**twee**
3	**drie**
4	**vier**
5	**vijf**
6	**zes**
7	**zeven**
8	**acht**
9	**negen**
10	**tien**
11	**elf**
12	**twaalf**
13	**dertien**
14	**veertien**
15	**vijftien**
16	**zestien**
17	**zeventien**
18	**achtien**
19	**negentien**
20	**twintig**
21	**eenentwintig**
30	**dertig**
40	**veertig**
50	**vijftig**
60	**zestig**
70	**zeventig**
80	**tachtig**
90	**negentig**
100	**honderd**
1000	**duizend**
1 000 000	**miljoen**

Zeit

eine Minute	**een minuut**
eine Stunde	**een uur**
eine halbe Stunde	**een half uur**
halb zwei Uhr	**half twee**
Tag	**een dag**
Woche	**een week**
Monat	**een maand**
Jahr	**een jaar**
Montag	**maandag**
Dienstag	**dinsdag**
Mittwoch	**woensdag**
Donnerstag	**donderdag**
Freitag	**vrijdag**
Samstag	**zaterdag**
Sonntag	**zondag**

Straßenverzeichnis Brüssel

Abattoir, Boulevard de l'	A3
Accolay, Rue d'	B4
Adolphe Max,Boulevard	C1
Alexiens, Rue des	B4
Ambiorix, Square	G3
Amigo, Rue de l'	B3
Anderlecht, Rue d'	A3
Angleterre, Rue d'	A6
Anspach, Boulevard	B3
Antoine Dansaert, Rue	B2
Archimede, Rue	G3
Arenberg, Rue d'	C3
Argent, Rue d'	C2
Arlon, Rue d'	F4
Association, Rue de l'	D2
Astronomie, Avenue de l'	E2
Auderghem, Avenue d'	G4
Aug Orts, Rue	B2
Banque, Rue de la	D2
Barbes, Quai aux	B1
Barthelemy, Boulevard	A2
Belliard, Rue	E4
Berlaimont, Boulevard de	D2
Beurre, Rue au	C3
Bischoffsheim, Boulevard	E2
Blaes, Rue	B5
Blanchisserie, Rue de la	C1
Blindes, Square des	B1
Bodenbroeck, Rue	C4
Bogards, Rue des	B3
Bois a Bruler, Quai aux	B1
Bosquet, Rue	C6
Bouchers, Rue des	C3
Brederode, Rue	D4
Brigittinnes, Rue des	B4
Briques, Quai aux	B2
Brouckere, Place de	C2
Canal, Rue du	B1
Cardinal Mercier, Rue du	C3
Champ de Mars, Rue du	D5
Chancellerie, Rue de la	D3
Chapeliers, Rue des	C3
Chapelle, Place de la	B4
Charite, Rue de la	E3
Charlemagne,Boulevard	G3
Charleroi, Chaussee de	C6
Charles Martel, Rue	G3
Chartreux, Rue des	B2
Chaux, Quai a la	B1
Cirque, Rue du	C1
Colonies, Rue des	D3
Commune, Rue de la	F1
Congres, Rue du	E2
Cornet, Rue de	G5
Cortenberg, Avenue de	H3
Croix de Fer, Rue de la	D3
Deux Eglises, Rue des	E3
Dinant, Place de	B4
Dublin, Rue de	E5
Ducale, Rue	D4
Duquesnoy, Rue	C3
Ecuyer, Rue de l'	C2
Emile Jacqmain, Boulevard	C1
Empereur, Boulevard de l'	C4
Épée, Rue de l'	B5
Eperonniers, Rue des	C3
Ernest Allard, Rue	C5
Escalier, Rue de l'	C4
Etterbeek, Chaussee d'	F4
Etuve, Rue de l'	B3
Europe, Boulevard de l'	A5
Eveque, Rue de l'	B2
Fabriques, Rue des	A2
Flandre, Rue de	A1
Fonsny, Avenue	A5
Fosse aux Loups, Rue du	C2
Foulons, Rue des	A4
Fourche, Rue de la	C3
Franklin, Rue	G3
Fripiers, Rue des	C2
Froissart, Rue	G5
Gand, Chaussee de	A1
General Leman, Rue	G5
Gillon, Rue	E1
Gineste, Rue	D1
Goffart, Rue	E6
Gouvernement Provisoire, Rue du	E2
Grand Cerf, Rue du	C5
Grand Hospice, Rue du	B1
Grand Place	C3
Grand Sablon, Place du	C4
Grand Serment, Rue du	A2
Gretry, Rue	C2
Hainaut, Quai du	A2
Halles, Rue des	B2
Haute, Rue	B5
Henri Jasper, Avenue	B6
Hopital, Rue de l'	C4
Hotel des Monnaies, Rue de l'	B6
Hydraulique, Rue	E3
Imperatrice, Blvd de l'	C3
Ixelles, Chaussee d'	D5
Jamar, Boulevard	A5
Jardin aux Fleurs, Place du	A3
Jardin Botanique, Boulevard du	D1
Jeu de Balle, Place du	B5
John F. Kennedy, Avenue	H4
Joseph II, Rue	F3
Jourdan, Place	G5
Joyeuse Entree, Avenue de la	G4
Laeken, Rue de	B2
Laines, Rue aux	C5
Lebeau, Rue	C4
Leopold, Rue	C2
Lepage, Rue	B2
Liberte, Place de la	E2
Ligne, Rue de	D2
Limite, Rue de la	E1
Livingstone, Avenue	F3
Locquenghien, Rue	A1
Loi, Rue de la	E3
Lombard, Rue de	B3
Louise, Avenue	C6
Louise, Place	C5
Louvain, Chaussee de	E2
Louvain, Rue de	D3
Loxum, Rue de	C3
Luxembourg, Place du	E5
Madeleine, Rue de la	C3
Madou, Place	E2
Maelbeek, Avenue du	G5
Marais, Rue du	C2
Marche au Charbon, Rue du	B3
Marche aux Herbes, Rue du	C3
Marche aux Poulets, Rue du	B2
Marcq, Rue	B1
Marguerite, Square	G3
Marie-Louise, Square	F3
Martyrs, Place des	C2
Maurice Lemonnier, Blvd	A4
Meridien, Rue du	E1
Midi, Boulevard du	A4
Midi, Rue du	B3
Minimes, Rue des	C5
Miroir, Rue du	B4
Montagne aux Herbes Potageres, Rue	C2
Montagne, Rue de la	C3
Montoyer, Rue	E4
Montserrat, Rue de	B6
Namur, Rue de	D4
Nerviens, Avenue des	H5
Neuve, Rue	C2
Nieuport, Boulevard de	A1
Notre Dame du Sommeil, Rue	A2
Notre Seigneur, Rue	B4
Nouveau Marché aux Grains, Place du	A2
Pacheco, Boulevard	D2
Paix, Rue de la	D6
Palais, Place des	D4
Palmerston, Avenue	F2
Parnasse, Rue du	E5
Pepiniere, Rue de la	D5
Petit Sablon, Place du	C5
Petits Carmes, Rue des	C5
Philippe de Champagne, Rue	B4
Pierres, Rue des	B3
Poelaert, Place	C5
Poincare, Boulevard	A4
Poincon, Rue du	B4
Porte de Hal, Avenue de la	A5
Prince Royal, Rue du	D6
Putterie, Rue des	C3
Quatre Bras, Rue de	C5
Ravenstein, Rue	D4
Regence, Rue de la	C5
Regent, Boulevard de	E4
Renaissance, Avenue de la	H4
Roger Vander, Rue	B4
Roue, Rue de la	B4
Rouleau, Rue du	B1
Royale Konings, Place	D4
Royale, Rue	D3
Sables, Rue des	D2
Sablonniere, Rue de la	E2
Sablons, Rue des	C4
Sceptre, Rue du	F6
Schuman, Rond-Point	G4
Senne, Rue de la	A3
Soignies, Rue de	B3
Sols, Rue des	C3
Stalingrad, Avenue de	A4
Stassart, Rue de	D5
Ste-Cathérine, Place	B2
Ste-Gudule, Place	D3
Stevens, Rue	B4
Stevin, Rue	F3
St-Géry, Place	B3
St-Jean, Place	C3
St-Jean, Rue	C3
St-Lazare, Boulevard	D1
St-Lazare, Rue	D2
St-Marie, Rue	A1
Taciturne, Rue du	F3
Tanneurs, Rue des	B5
Teinturiers, Rue des	B3
Terre Neuve, Rue	A5
Toison d'Or, Avenue de la	C6
Toulouse, Rue de	F4
Traversiere, Rue	E1
Treurenberg	D3
Treves, Rue de	F3
Trone, Rue du	E5
Ursulines, Rue des	B4
Van AA, Rue	E6
Van Artevelde, Rue	B3
Van der Elst, Rue	C1
Vautier, Rue	F5
Veronese, Rue	H3
Victoria Regina, Avenue	D1
Vierge Noire, Rue de la	B
Vieux Marche aux Grains, Rue du	B
Waterloo, Boulevard de	B
Wavre, Chaussee de	F
Wiertz, Rue	F
Wynants, Rue	E